これから、中国とどう付き合うか

君子之交

中国与日本如何共同成为世界的典范

〔日〕宫本雄二 著
林铮顗 译

群言出版社
QUNYAN PRESS
· 北京 ·

图书在版编目（CIP）数据

君子之交：中国与日本如何共同成为世界的典范 /（日）宫本雄二著；林铮顗译. -- 北京：群言出版社，2016.1

ISBN 978-7-80256-888-4

Ⅰ. ①君… Ⅱ. ①宫… ②林… Ⅲ. ① 中日关系－研究 Ⅳ. ①D822.331.3

中国版本图书馆CIP数据核字(2016)第297864号

北京市版权局著作权合同登记号：图字01－2016－9747号

责任编辑：朱前前
特约编辑：柯祥河
封面设计：尚上文化

出版发行：群言出版社
地　　址：北京市东城区东厂胡同北巷1号（100006）
网　　址：www.qypublish.com
自营网店：http://qycbs.shop.kongfz.com（孔夫子旧书网）
http://www.qypublish.com（群言出版社官网）
电子信箱：qunyancbs@126.com
联系电话：010-65267783　65263836
经　　销：全国新华书店

印　　刷：三河市华晨印务有限公司
版　　次：2017年6月第1版　2017年6月第1次印刷
开　　本：787mm × 1092mm　1/16
印　　张：16.5
字　　数：180千字
书　　号：ISBN 978-7-80256-888-4
定　　价：58.00元

此书为译著，其中一些涉华消极内容，系原作者观点，
不代表译者及出版方立场。

目录

序　章

思索新时代的新日中关系

急遽改变的世界

进入 21 世纪，世界的风貌不但发生巨大变化，而且还会继续急速改变。日本也在改变之中，而邻邦中国的变化尤其大。在这个巨变的时代里，所有的事情都必须从根本上去重新思考。当然，日中关系也绝不例外。

世界的变化大到了超乎人们的想象。在 20 世纪末期，苏联开始解体，东西方冷战告终，我们强烈预感到新时代的来临。有人认为，自由和民主取得了胜利，同时意识形态对立的时代也随之结束了。

进入 21 世纪后，美国惑于自己是世界唯一的超级大国这个“现实”，导致新保守主义思想肆无忌惮地抬头。它的主要观点是美国第一主义。唯有美国才能够使世界运转，而且以美国的理念运转世界乃是正义的。

可是，“9·11”事件的发生仿佛对此做出了挑战。恐怖主义依然存在。换句话说，这样的令人震惊的事实告诉我们，意识形态对立的时代并未终结。

如果观察 21 世纪的前十年，会发现世界的风貌呈现出了完全不同的模样。尤其是在遭遇了肇端于 2008 年美国金融危机的世界经济危机之后，这个世界看起来更加不同于以往了。

美国为国内的经济重建以及国外的阿富汗及伊拉克战争所困，欧盟似乎也看不见未来，日本也没有了元气。然而，发达国家以外的以巴西、俄罗斯、印度、中国（金砖四国）为中心的诸国，却在快速持续地发展。

经济的全球化趋势使得这些国家认为，只要经济政策不犯错误，巨大的成长就是可以预期的，而且还可以把自己推上承担世界经济的重责大任之地位。典型的例证是：世界经济危机的解决不得不依托“G20”这个新架构。看来，今后国际性架构的建立和规则的制定，势必都将受这些国家的意向左右吧。

在这当中，最为突出的不能漠视的存在就是中国。如果以人民币为基准来看，改革开放的三十年间，中国的GDP从1978年的3，645亿元，激增到2007年的265,810亿元，增长达73倍之多。其中自2004年到2009年为止，短短五年内更是倍增。在此之后，中国便超越日本而居于世界经济体第二位。

当然，在可预见的未来，美国应仍然是包括经济在内的、世界的创造性领袖吧。我们客观且冷静地想一想，美国拥有丰腴广大的国土和依旧不断增加的人口，更重要的是，美国这个国家的特质，是借着移民的方式接受不同的东西并创造新的东西，从而具备了压倒性的优越条件。不过与此同时，金砖四国中的中国，在今后相当的一段时间里，对世界产生的影响极有可能不断快速增大。面对这样的事实，该是我们做好心理准备的时候了。

中国的剧烈改变

在长久的历史中，中国几乎一直都是政治大国、经济大国、文化大国。近代的数百年，虽然落后于欧洲及其后继者美国，但现在正快速地追上来。“睡狮”已转醒，并踏出其步伐。

如果说中国只是恢复原本的状态，那也就罢了，可是，身为经济大国的中国，其复活的真正意义是：它的再次登场，是在原本已拥有的政治力量上，再加上急速增强的军事力量，这是一个新的世界性大国的登场。

中国的变化确实很快。到现场去体验，似乎远比人们脑中所想象的更快。当初依赖外国投资和出口的中国经济，已发生了巨大改变，而且还会持续改变下去。

中国国内资本丰沛，国家财政也得以加强，还有能力维护大规模的经济社会之基盘。借着经济基础设施的快速扩充，以往处于分散状态的无数个地方经济得以结合起来，于是“中国统一市场”在中国历史上首次登上舞台。这个巨大的国内市场出现后，中国的经济就可以依靠自己的力量开始转动起来。

经济的发展，的确改变着中国的社会。活泼的经济活动不断赋予人们自由的生活空间。而这样的自由空间，便是让中国人感觉比以往更加自由的原因之一。

但管理这样一个自由空间扩大、自由程度增加的社会，变得越来越困难。社会的多元化，使得其自身变得复杂起来。为了有效管理，就必须做制度的变革，同时培养运作这个制度的人才。可是，不论是制度的构筑，还是人才的养成，都需要很长的时间。中国共产党和中国政府虽然努力想追赶上这个时代趋势，但仍面临众多挑战。

此外，网络所代表的信息化社会已经来临。中国的网络人口，据说已有四亿人，这还没加上手机用户，中国的手机大都拥有上网的功能。因此，中国人在取得与传播丰富信息的手段上，是超乎我们想象的。

所有这些都迫使中国社会发生改变。然而，尽管已经掀起巨大变化，可是理应扮演维护社会安定角色的“传统”，或者“传统的价值观”却没有适得其所。

中国的价值观动摇，比我们想象得还严重。在此背景之下，随着知识与信息的急速增加，各式各样的想法不断出现，使得不同年龄间的代沟变得更大。

其次，贫富差距的问题和腐败的问题也要考虑在内。中国的城市居民和农村居民，其贫富差距日益扩大，此一状况，在中国国内也招来强烈的关注。

为了解决这些问题，中国有必要改革制度，强化法治，完善社会的安全网。应对这一现状对中国来说真是任重道远。看来，今后的中国政府为了改革将不得不投入庞大的精力和预算。

即便中国负有如此沉重又巨大的负担，但另一方面它也的确在逐步前进。2001 年 1 月，我结束了在中国的第二次任期，时隔五年多一点的时间，当我再回到北京时，我看到中国确实展现出“世界大国”的姿态：来自世界各地的更多的人聚集于此，世界上更多的人似乎都在注意中国的动向。仅仅在四年多的时间里，中国朝向“世界大国”之路几乎就实现了。

不过，中国还不能决定自己该如何在世界的大舞台上生存或表演。中国的国内还存在许多问题，同时也拖着历史的枷锁。它一边对外部世界抱持强烈怀疑，一边又要强调自己的主张。

该如何与这样的中国往来？

在这么急速变化下所出现的“世界大国”——中国，也给日本带来极大的影响。因为它不单是自身躯体庞大而已，而且还是扑通一声降落在日本的身旁。中国倘若发生什么事情，近邻诸国都会受到全面性的影响，而其冲击的力道也非常之强劲。身为中国的邻国，不论你喜欢它，还是讨厌它，都必须要高明地和它往来互动，这是日本的宿命。对中国谄媚显然是行不通的，而谨守日本的立场与原则，借政治和外交的力量，妥善处理与邻国的关系则是极有可能的。

且先说结论——

与中国构筑安定且可以预测的合作关系，是日本的国家利益；为此，谋求国民之间相互关系的必要改善，也是日本的国家利益；在最大限度上活用中国的经济空间，使日本企业得以发展，强化产业，描绘日本经济的增长策略，也是日本的国家利益。一边增进与中国之间坚实的对话，谋求与相关诸国的联系，一边完成亚洲乃至世界和平与繁荣之合作的构图，亦是日本国家的利益。此外，冷静地观察中国对外膨胀的趋势和中国军方的动静，并做出必要的准备，也是日本的国家利益。

本书不对这个结论一一做冗长的证明。因为只要稍微想一想，便知道得出此论并没有那么困难。

日本政府的对外政策，只是为达成日本国民的安宁与繁荣而创造必要的外在条件。而在那样的环境当中，如何追求各自的幸福，是内政的问题，也是个人的问题。

日本政府给予外交的任务，是达成和平与安全，这乃是确保国民拥有安宁繁荣的生活之所需，也是经济得以繁荣的外在条件。为此，有必要建立起与中国之间安定且可预测的合作关系，这无疑是我国外交的重要任务之一。

人们常常说起“夸耀的外交”或“矜持的外交”都不是目的，而只是手段上的问题。或者，与其说是技术论，不如说是精神论。经常仔细观察日本的整体国家利益（并非单一，而是横跨多个领域、重叠性的问题），受到为了寻求最大利益而倾全力面对之精神所引导的，就是“矜持的外交”吧。固然这可以说是有关外交全盘的事情，但对于中国也应该进行同时使用“强硬”及“柔软”手段的外交。也就是说，软硬两种的应对方式。贯彻主张和敌对，并不相同。在如何使其调和之上，存在着政治与外交的奥妙，以及诉诸力量之处。

事实上，目前出现了一个罕遇的时机，能够与中国建立起安定且可预测的合作关系。然而，人们仍然深信日中之间存在着许多深刻的问题，或由于看不见未来，只能延续旧思维来观察日中关系，所以很少有人能觉察到这个绝佳的机会就在眼前。甚至，因为钓鱼岛的问题，很多人难以相信存在一种机会以建立安定的日中合作关系。不只日本方面这样看问题，中国方面也一样。

不过，事实并非如此。在 2008 年 5 月胡锦涛主席访日时，与福田康夫共同签署的日中联合声明中所正式定下的“日中战略互惠关系”，就是一个特别的机会。所谓战略互惠关系，是指从长期的观点，站在更开阔的视野，观察事物（即战略性），并以由此所引导出来的共同利益为基础，建立起互惠关系。总之，我们应该以经济的全球化及其相互依存关系的深化为背景，从世界性的视野思考日本与中国的国家利益，建立对世界的和平及繁荣有贡献的日中关系。

这才是新时代的新日中关系。我个人认为，至少在21世纪的前三分之一时间，借着维持并发展这样的结构，就可以应对日中关系了。但同时，我们也应该意识到这是个巨大的挑战。从日中双方处理有关钓鱼岛的问题视之，即可明白要抓住这个机会有多困难。但是，毕竟机会已经来了。

新时代的新日中关系

以世界性的大变化为背景，在向世界的扩展中，日中两国是有可能实现战略互惠关系的。日中两国彼此间深入的经济联系也不容忽视。而且最重要的是，中国重新整理“对日历史问题”一事，也变得有可能。

在这个世界性变化的大背景下，日本和中国历史上首次在同一时期成为世界大国。两个国家有责任超越日中狭小的世界，以站在亚洲、太平洋乃至在全球的视野，一起挑战世界性的议题。

此外，经济的全球化毋宁说正在加速进行中。这一次的世界经济危机，更加强了中国经济的重要性。中国对推进亚洲经济一体化起到了一定的作用，而日本经济的对华依赖程度更为加深。

1972年以来，日中之间的争执一直就是“历史问题”“领土问题”和“台湾问题”，最近又加上了“以东海为首的海洋问题”。这些问题中，日中两国之间所独有的问题，实际上只有“历史问题”而已。由于存在着“历史问题”，在处理其他问题的时候，难免把这一部分感情掺杂进去，所以变得不够理性。

因此，两国之间所执着于历史问题的必要性变得越来越小时，其关系就越容易往前发展。

譬如，有关钓鱼岛的问题即属于“领土问题”。中国与东盟诸国、韩国、朝鲜，都存在着海洋上的“领土问题”，而且冲突不断。然而，唯有和日本之间，这个问题尤为突出并演变成大问题，其原因不仅仅是世界和媒体的注目程度高，也是因为有着“历史问题”在其中作梗，所以中国在国内处理此问题的妥协之地就变小了。毫无疑问，历史问题具有较大的影响力，是不可否认的事情。

如此一来，在日中关系的发展上，整理历史问题就具有极大的意义。随着这项工作的完成，新时代的新日中关系，意即“日中战略互惠关系”的登场，也变得可能了。

“日中战略互惠关系”的架构与主要内容业已决定，进一步充实其内容，大胆加以推展的时机也来临了。在此之际，不可或缺的是，要把那些阻碍日中关系的要素移开，或者建构一个妥善处理各种问题的计划。倘若我们可以建立起一个巨大的结构，那么两国之间就可以实现“安定且可预测的合作关系”了。

新日中关系的课题

然而，即使在理论上这是可行的，但也并不意味，就可以保证从今以后日中关系就平稳无事。日中的国民感情依然脆弱，足以动摇日中关系的问题依旧很多。或许国民舆论并不同意两国政府朝此方向前进，两国之间经常发生的纷争与对立，也许会严重地伤害这种巨大的关系。我们必须做出及时而且全方位的努力，以避免此类事情发生。

其次，对于自己的未来，中国尚未描绘出明确的自画像。以前它想的是必须走出屈辱的近代史，并重获伟大文明国家的荣光。如今，中国已经获得世界大国的地位了，今后它想建立什么样的世界，并为此扮演什么样的角色，必须要好好地向世界作出说明。若非如此的话，日本对中国之未来方向的担忧，将会逐渐扩大吧。

同时，从中长期来说，维持并发展日中战略互惠关系的钥匙，有一半是握在日本手里的，这一点也必须先认识清楚。在中国的勃兴之前，为保持日中关系适当的平衡，彼此能够尊重，因此，日本自身也必须变得更卓越、更强盛。

上述说法并非是说日本应该往军事大国之道突飞猛进地发展，而是说，就中国而言，日本是必要的、不能忽视的、具有意义的存在，而且有必要一直如此。因此，最当务之急是强化日本的“软实力”，即培育出一个支持经济发展的科学技术领先的舒适型社会。

在科学技术领域必须经常领先中国一步，这是日本政府应更重视的一面，故应该加强对科学领域的先行投资。

此外，日本的社会，有必要改善、强化为一个更以人为本位的、更宜居的社会。从社会中所散发出来的魅力，将成为吸引中国的“软实力”。这不单是政府的课题，也是国民的课题。因为在自己居住的街区里，大家只有彼此合作，共同出力，才会产生良好的结果。同时，产业结构也应该合理化，推行改革，彻底将日本经济的增长潜力引导出来。因此，还有许多事情应该做。

如此说来，中国问题在相当程度上反而变成了日本自身的问题。我希望日本可以化中国的影响为力量，创造出再生的契机。

本书的旨趣

长时间从事日中关系的工作，我认为日中之间的许多问题来自于误解和不够了解。正是因为我对中国的了解逐渐增多，才见到了以往的误解和彼此的无知。同样，中国也逐渐明白自己所存在的问题。可见，因为两国之间缺乏信赖感，才产生出无用的猜疑心，并助长了这种误解与不够了解。

有关钓鱼岛的问题，也因误判对方的意图与行动，使得双方各执一端。这种相互仇视、对立是毫无意义的。日中双方差不多都该面对穿着“家居服模样”的对方了，也就是“等身大”地相互了解。

其次，日中之间有着漫长的历史，发生过许多争执与分歧，所以造成今日的状况。因此，要正确地了解我们现在所抱持的问题，最重要的是回顾历史，从历史的脉络中加以体会。

更正确地了解对方，才能正确掌握问题。因此，试着思索新时代的新日中关系，正是本书的旨趣。

本书无意叙述日中关系的苦难历史。我期待的是，透过回顾外交正常化以来的日中关系，一边说明中国是如何处理日中关系的，一边试着和大家一起思考：日本应该如何把握、如何面对中国比较好？

世界变化的速度逐渐加快。我认为，即使到21世纪结束，日本国民仍衷心希望自己的国家是个可以享受和平，在世界上维持着牢固的地位，继续受到尊敬的国家。所以构筑日中关系是有助于此的——这应该是我们共同的目的。

今后，不管在任何领域，日本和中国的关系都将会扩大并深化。正确地了解到日中关系会发生激烈的变化，这一点十分重要。不论我们在中国想做的外交政策是什么，最后都关系到日本与日本人。虽然这是一件非常麻烦的事情，但现实就是如此，利弊参半。

等大家从各自的立场来思考和中国的关系及往来的方法时，本书很荣幸可以成为足资参考的材料。平日我喜欢使用一个词，即“等身大”。我希望日中关系也一定会早日回到“等身大”的状态。

第一章

从中国，如何看得见中国？

在思考新时代的新日中关系之时，首先必须知道对方，也就是中国的情况。如果我们没有“以这样的国家为对方”的自觉，那么对于日中关系的了解，无论如何都是不充分的。在以下本书各章里，当谈及日中关系时，我会因应需要介绍中国，希望读者能因此而拥有一个必要而基本的中国形象。

话虽如此，但介绍中国并不是本书的目的，所以我只结论性地介绍我所了解的中国。对于中国事物已然知之甚详的读者，不妨跳过本章，直接从第二章读起。

一、令人误判的巨大

中国的“国情”

在中国的时候，经常听见中国方面说到我们“国情”不同，或者你们应该了解各自国家的“国情”等这些话。所谓国情，中国的《现代汉语词典》（中国社会科学院语言研究所编）的解释是：“一个国家的社会性质、政治、经济、文化等方面的基本情况和特点，也特指一个国家某一时期的基本情况和特点。”设想国情会随时代而改变是件有趣的事。而中国人的国情主张，就好像是“因为中国和你们的国家不同，所以请好好了解中国”一样。

中国人心目中所描绘的“国情”，总而言之，是指其具有广大国土，拥有由汉族及 55 个少数民族所组成的 13 亿人口的复杂大国；其次，必然提到的一点是，中国是一个由中共所领导的社会主义国家；最后则强调，中国虽然是政治、经济、军事大国，但本质上依然是个发展中国家。归结起来就是，中国今后必须让经济长期发展，社会安定，所以渴望一个和平稳定的国际环境。因此，有人主张，中国的发展对世界的和平与发展会有贡献，而不会成为威胁。

上述谈及中国的国情虽然有些囫囵吞枣，但在了解中国之前，先去了解中国人如何看待自己是必要的。这是正确理解中国的不可或缺的前提。

十多年前，有位长期居留（或生活）在北京的日本企业家批评说："日本大使馆总是说中国经济问题多多，可是中国经济还不是好端端地成长着吗？"当时，因为我本身对中国的未来感到非常悲观，所以听过则罢。然而这十年来，中国社会虽然不是那么安定，但经济却仍加速发展。面对这一现实，这位企业家朋友的质问，再次重重地敲在我心上。

于是我开始意识到自己原来的问题本身就错了。不是吗？我的问题不应该是"中国拥有诸多问题，将来会如何"，而应该是"何以中国拥有这么多的问题，而经济还能够持续发展"。

对于这个新问题，我的回答大致有以下三点：

1. 中国规模巨大而且富有多样性；

2. 中国共产党的领导能力；

3. 中国社会本身的质变。[①]

---

① 此事从《中国——宁静的革命》（吴军华，日本经济新闻出版社，2008年）一书习得。

上述三点，我想，就是中国社会能够一边维持着某种程度的安定，一边持续发展经济的原因。这一答案之所以只做暂时性的，是因为我还没达到一定程度的自信以做出最终结论。下面就以此为中心试着对中国进行分析。

把“中国”和“中国共产党”做捆绑叙述，在很多时候是并不正确的——虽然本书中也难免使用了这样的方式。有关此点请读者事先注意。因为任何社会都很复杂，有着各种各样不同的意见。

事实上，“中国”或者“中共”内部也是如此。在未形成最终决定之前的意见，经常可能不代表中国或中共的意见，或者中国的一部分状况，经常可能不代表中国的整体状况。更何况中国本身也有自身还不了解的、不能决定的事情。因此，假如从外部勉强地收集和整理这样那样的状况，并企图得出结论，则非常可能导出一个错误的答案。假使对方是混沌的，正确答案也是混沌的。

这个说法也适用于中方对日本的分析。希望这一点读者先铭记在心。

规模之巨大与多样性

从日本人看来，中国的第一个特点，在于规模之巨大和多样性。

中国的国土有 960 万平方公里，和美国（963 万平方公里）几乎相同，是欧盟（432 万平方公里）的两倍多，约为日本（38 万平方公里）的 25 倍，的确非常广阔。而且中国拥有 13 亿的人口，即使和美国（3 亿人）及欧盟（5 亿人）相比，这也是非常巨大的。尽管中国也面临着急速高龄化的问题，但这样的人口规模，以“市场”的观点视之却是非常有利的。

其次是中国的多样性。中国广阔的国土上有着不同的民族与文化，他们彼此相互影响，最后同化于黄河流域北方的华夏文明之中。例如现在已经成为少数民族的苗族，其名称也曾出现在史书上，而且从中国的神话时代起就扮演了重要的角色。就像这样，中国各地一直保留着原本独自的文化，其各自的特点，感受的方式、思考的方法也不相同。即便到了现在依然如此。

此外还存在地理的多样性。不管是地形还是气候，东西南北全然不同。这些都影响了人们的生活样式和对事物的看法。

同时 55 个少数民族更加深了中国社会的多样性。说起来，中国有相当多的少数民族在历史的过程中与汉族同化而完全消亡。而在现在的时间点上，只有那些比较清楚地在自我认知上异于汉族的群体，才被称为“少数民族”。结果在统计上，有 90% 以上都是汉族。由于自己属于哪个民族，乃是自我申告制，如果成为汉族比较有利，前述的数字还会继续增加。

我认为，被称为汉族一事，并非像 DNA 这种生物学的概念，而是文化性的概念。随着科学的进步，支持这种想法的人逐渐增多。

具有如此广大而又富有多样性的国土及社会，在公元前 221 年，由秦始皇统一。而文字和度量衡的统一为创造出这个国家提供了统治方法，因此，中国在形式上不像欧洲是个多民族、多国家的集合体。在公元前 202 年，汉朝成立，这个王朝几乎全然设置了统治这个巨大国家的行政机构。此后，中华的世界，也就是“天下”，由一个皇帝以“天子”的身份加以统治的思想与机构，遂逐渐形成。

这个统治思想和机构，正是以广大的国土和多样性的社会为前提，因此，中国自然不会像日本一样地建立一个以高度一性的社会为前提的极精致的组织。事实上，中国既没有理由，也不可能建立起像日本这么精致的组织。它的外在骨架虽然看似坚固，但在某个程度上，却是个具有融通性的柔软组织。举个极端的例子来说，中国就好比一栋房子，就算少掉一根柱子，房子也不至于坍塌。这在日本看来，虽然似乎是一个“马马虎虎的东西”，但这个柔软的结构正是中国的强韧之处。

例如，2008 年的美国金融危机，转眼之间变成全球性的经济危机，中国的外贸出口也蒙受巨大影响。2009 年的出口金额比前年减少 16%。可是，相对于出口比重较高的广东省和上海等沿海地区所受的严重影响，内陆的中西部地区全然感受不到影响。反之，由于以中西部为中心的公共事业投资大幅增加，其经济毋宁说依旧呈现出活络的状况。总之，我们把出口减少对中国的影响，做出了过大的评估。简言之，中国有效的经济政策与国土的广阔及多样性，一起拯救了中国。

20 世纪 90 年代初期，我以中国课长的身份视察上海浦东地区的开发现场。那时开发刚刚开始，涉足当地商贸的日本人毫无例外地说：“野心太大，终将失败。”然而今天的浦东却非常繁荣。在这里，我第一次体验到，将日本的标准用在中国身上必定失败。我所得到的教训是，在中国，必须用中国的标准做判断。固然日本的标准是正确的，但见树不见林的评价，只凸显出片面的真理而已。

二、不断进行尝试的中国共产党之领导能力

被强化的政府管理

从1997年起到2001年年初，我第二次在北京的大使馆工作。1998年3月，朱镕基总理抱着改革中国经济体制、巩固经济发展基础的决心登上舞台。当时的中国，有着明确的目的和意向，想透过加盟世界贸易组织之时必须实施的强制性改革，以突破国内发展瓶颈。2001年，中国正式加入世界贸易组织。

此时的中国，处于热衷改革的状态下。政府系统的企业，被从政府切割出来。人民解放军也不例外，军方与商业，明确地分隔。同时还进行国有企业改革和金融改革。对于朱镕基的改革效果，虽然有人给予辛辣的评价，但不争的事实，却是至少当时的中国社会充满了“改革热潮”。

原先我带着“展开经济改革的中国”之类的感觉回国，但经过五年再回到中国之后，立刻觉得气氛非常不同。改革经济制度，与其说把更多事情委托市场，事实上，更引人注意的状况是，中国利用行政手段调控经济，一边牢牢地管理其过程，一边解决着问题。

当这种感觉逐渐加强时，偶然读到刊登在《外交》杂志（2009年5、6月号）上，德里克·希瑟斯的文章《未完的邓小平》。该文章的旨趣如下：

“从2003年以来，市场导向之改革减少，而来自政府的重新参与却遭到强化。价格受到控制，民营化的潮流被逆转，奖励竞争的措施减少，对民间投资的管理增加。”

这个观察和我的感觉非常契合。然而讽刺的是，那些认为透过政府行政措施来管理市场和经济的活动是正确的人，却因此次的世界经济危机和其克服过程而增多。

当然，坚持改革开放政策，并使之更加深化的大政策，依然有效。同时经济从依赖出口和公共事业投资转向扩大内需和消费。由于中国资源有限，所以不能让环境更加恶化。为了实现持续性的经济增长，则必须改变经济结构。不过，当此之际，还看不出来中国打算使用多少市场的力量。

另一点上，中国显得犹豫。对于90年代末期的市场经济，原本乐观性的看法正逐渐消失。

说一句公道话，温家宝总理承认这个市场改革已经落后了。固然在某方面这个落后反而容易度过世界经济危机，但温家宝总理表明决心，一有机会，必然再进一步展开经济的改革和开放。

中国共产党领导之国

中国是由中国共产党领导的国家。在导入改革开放政策以后，有些话经常被提起，例如，坚持“四项基本原则”就是其中之一。所谓四项基本原则，是指坚持社会主义道路、中国共产党的领导、人民民主专政[①]以及马列主义与毛泽东思想。

这一部分的内容，即使苦心研究其理论，依旧相当不易了解。再者，有一个支撑改革开放却让事态变得很复杂的理论，那就是“真理的标准”理论。

1978年5月，邓小平针对华国锋的“两个凡是”提出了“实践是检验真理的唯一标准”之理论。所谓“两个凡是”，即“凡是毛主席做出的决策，我们都坚决维护；凡是毛主席的指示，我们都始终不渝地遵循”。此一论战，乃是由主张任何理论都必须透过实践来检验的邓小平和华国锋的全面论争。

中国共产党是善于讲道理的。不讲道理则无法前进，正是他们的特质。有关这一点，应事先了解。

这次讨论的做法，也是中国共产党式的。邓小平运用毛泽东的话作为自己的论据。这个关键词叫做“实事求是”，即使到了今天，它也还经常被使用着。根据《现代汉语词典》，所谓实事求是，是指“从实际情况出发，不夸大、不缩小，正确地对待和处理问题”。

邓小平由于在这场讨论中获胜，并在1978年12月三中全会（中国共产党第十一届中央委员会第三次全体会议）里，确立改革开放政策。结果，所有的事情都变成，倘若不试一试，就不知道正确与否了。

话虽如此，重视实践，也是一种结果主义。如果只重视结果，无论如何，

---

① 根据《现代汉语词典》，所谓“人民民主专政”，是指工人阶级（经过共产党）领导的、以工农联盟为基础的人民民主政权。

理念和价值观都会受到轻视。换言之，如果成绩往上，那就好，如果产生出利益来，那也可以，至于其他，就可以不必计较。这样的态度，使中国变成了发展第一主义，连带地也扩大了贫富差距。或许可以这么说，现在的中国处在一面背负着所谓邓小平的“负遗产”，一面与之格斗的时代里吧。

此外，中国共产党努力创造“具有中国特色的”思想和体制。说“具有中国特色的”这种话，固然可以，但譬如说，创造出“具有中国特色的”社会主义，则这个“社会主义”究竟意味什么呢？有关这一点的讨论，至今还在继续中。

尤其“四项基本原则”与“改革开放政策”这两个基本方针，如果想把它们具体地用于现场，将会是个极困难的问题。对中国共产党而言，这可以说是个难题。

不过，对邓小平来说，却好像不是那么困难的问题。“唯有中国共产党能够拯救中国”的信念，深植在邓小平心中。对于支持中国共产党的理论性支柱，他的信念直到最后也不会动摇。

就算在“四项基本原则”之中，“中国共产党的领导”也是最重要的。在历史的严格考验中，固然产生出许多政党，但唯有中国共产党生存了下来。它曾经完成崇高的使命，而如今也仍在完成之中。对邓小平而言，中国有今天，是因为中国共产党的缘故，所以中国共产党在各个方面领导中国，本是理所当然的。同时他还抱持着强大信念，认为任何的其他组织都无法承担此一重责大任。

有如“不管白猫黑猫，会捉老鼠就是好猫”所代表的，邓小平是个现实主义者，是个重视实际结果的人。由于他的想法具有弹性，在明确的目标意识之下，对于为了达成目标所需的手段，能够进行弹性的思考。他的确是个人物。邓小平大胆推行经济方面的改革与自由化，是因为让人自由从事经济活动，可以激发积极性，可以知道成功的滋味。中国现在实施的政策，“在政治面的硬”和“在经济面的软”，大致上可以说是邓小平式的做法。

因此，中国共产党变得必须“领导”中国的每一方面。不但需要“领导”方面的理论和政策，而且也要有执行方面的组织和制度。中国社会的中枢系统，正是中国共产党的组织，同时它也扮演一个分配任务的角色。

中国共产党的党员人数，在2009年已达7500万。比起20世纪90年代中叶，约增加了2000万人。在社会所有的组织当中，他们就像网一般，如果拿身体来比喻，则是神经系统中的细胞组织。在人民解放军里，也有党组织，外资企业也有设立工会的义务。总之，在党中央这个总指挥之下，直到末端为止，建立起一个按其指示活动的结构。

当然，那只是理论而已，实际上，地方并未完全按其指示活动，因此强化地方的末端组织，成为紧要之事。同时，人们也知道，中央为了让其方针贯彻、实施至末端，有多辛苦。人们经常提到的“上有政策，下有对策”，正凸显了片面的真理。不久之前，在中国的电视节目《国家干部》里描写了为实现中央的政策与正义，在地方的现场领导者是如何辛苦。但不论节目怎么说，居然还接二连三地出现令人感叹的“下”有“对策”。像这样的状况，可以说无法否认。

不过，中央掌握人事权，并直接管理作为党内部监察机关的纪律检查委员会，同时也领导了检察、司法。虽然这些监督部门指出许多问题点，但即使如此，党中央仍牢牢地掌握着党，决不会让它松散。中国依然是由中国共产党领导的国家，不论经济，或市场，均无例外。

和其他国家的许多政党比较起来，中国共产党的组织化程度相当高，组织内的纪律也很严格。尤其人才培养和拔擢的计划，正快速进步着。

中国是一个由中国共产党执政并管理的国家，希望大家经常把这件事放在心上。

持续的自我改革

中国共产党，自从 1949 年新中国成立以来，一直摸索着前进的道路。

1957 年的“反右派斗争”，从 1958 年起到 1961 年为止的“大跃进”运动，接着是从 1966 年到 1976 年的“文化大革命”。使国内建设受到严重影响。总之，这些问题给中国共产党带来了强烈的危机感，驱使了邓小平走向改革开放政策。同时，这也反映出中国共产党对于领导地位深刻的危机意识。因此，共产党想借着推进改革开放政策来改善国民生活，以强化领导地位。它最后的大目标，则是让国家富裕，以及建设强大的国家。

现在回顾起来，邓小平的改革开放政策，可以称得上是“和平时期之革命”这样的大改革，显示了中国共产党自我改革的能力。不可讳言，这个政策也产生出拜金主义，带来社会的贫富差距，而且经济的增长也严重地破坏了环境。虽然对这些的批判是正确的，不过，如果一连串的政策都不成功的话，也不会出现这些问题。由于获得大成功，所以问题才堆积如山，像这样的看法，应该是正确的吧。

1978年中国开始了改革开放政策，经济改革有某个程度的进展，而在企图着手政治改革的80年代末期，中国陷入激烈的震荡中。1985年苏联共产党新任总书记戈尔巴乔夫开始改革。事情就发生在当这个改革旋风吹袭苏联、东欧圈的时候。

这个世界性的变化，对中国也带来巨大的影响。事实上，大舞台并非这样就落幕了。这一年的11月，柏林围墙倒塌，1991年12月，苏联解体了。这一连串的事情，对中国共产党而言，正是个激烈的震撼。这迫使中国共产党对理论、制度、实践进行再检讨，同时也大大影响此后它们应有的模样。

1992年，当再度访问开创改革开放政策的广东省时，邓小平发表“南巡讲话”，呼吁应该更加大胆地推动经济改革。这是一位什么公职也没有的87岁老人，基于“经济发展是改革开放政策之核心”的信念，为国家做最后一次的效劳。因此，中国仿佛破茧而出，再一次大大地把方向盘切往经济改革开放的方向，朝着今日的繁荣之路，勇往直前。今日中国的发展，邓小平所承担之处的确是很重大的。

20世纪90年代，在江泽民主席、李鹏总理（后半是朱镕基总理）时期，稳健地展开经济领域的改革。譬如决定加入WTO，就是个象征。在政治方面，2000年2月，江泽民总书记提出“三个代表”理论①，以应对急速变化的社会。“三个代表”，主张中国共产党始终代表中国先进社会生产力的发展要求、中国先进文化的前进方向、中国最广大人民的根本利益。根据这个理

① 根据2003年的宪法修正，将“毛泽东思想”和“邓小平理论”定位为重要思想。

论，企业家也可以加入中国共产党了。

因此，中国共产党从农民与劳动者专属的党，变成了全体国民的党。换言之，中国共产党拥抱所有的利益集团，代表它们，而且必须调整它们所有的利益。然而在经济发展、社会扩大、利益集团多样化之时，调整各集团的利益，等于是中国共产党为自己承揽了一件困难的工作。

改善治理能力

2003 年开始，中国政府胡锦涛、温家宝，不得不致力于解决过去高度经济增长所带来的负面结果。为了改善、解决各种问题，改革是不可避免的。当然，经济依旧必须继续成长，因为一旦经济增长钝化，或者后退，许多社会问题将爆发出来，并有一发不可收拾的可能性。在不得以之下，唯有边走边解决问题，岂料这竟然成为中国共产党的基本态度。

同时，中国必须从以往主要追求经济发展的速度和量，转变为重视经济发展的质，以及强化社会的政策与方向。原因是，中国担心原本已十分严重的问题更加恶化，进而损及社会的安定，导致经济完全无法发展。毕竟经济发展与社会安定，是政权营运的两个轮子。因此，在 2004 年召开的人口资源环境工作座谈会上，胡锦涛提出“科学发展观”的概念①，亦即科学地、客

---

① 所谓“科学发展观”，是引导中国现代化的全新理念。它是坚持以人为本，全面、协调、可持续的发展观。所谓全面发展，是要着眼于经济、社会、政治、文化、生态等各个方面的发展；所谓协调，是指各方面的发展相互衔接、相互促进、良性互动；所谓可持续，是指考虑当前的发展的需要，满足当代人的基本需求，又要考虑未来发展的需要，为子孙后代着想。科学发展观的核心，是以人为本，它首度被明确提出，是在 2003 年中国共产党第十六届中央委员会第三次全体会议通过的《中共中央关于完善社会主义市场经济体制若干问题的决定》之中。

观地、彻底地观察分析现状，不执着于以往的想法，总之，就是解放思想，展开改革，研究出新经济发展方式，重视民政。这是以人为本的思想，也是和谐社会的实现。

的确，新政权承受了许多严重的问题。首先，社会的贫富差距进一步扩大。在沿海与内陆、中部地区亦然，都市与农村、教育程度高与低的人之间，有许多方面都招来贫富差距的扩大。法令与制度的不健全，隐藏了许多“漏洞”，造成权力拥有者的腐败和贪污。一旦距离权力中心的远近，决定财富的多寡，这会更加深人民的不满。

2006年，在我到中国赴任之前的日本，姑且不论有关“中国威胁论”和“中国崩坏论”的东西，那些诉诸中国社会实况的，尤其是农村贫穷状况的书籍，琳琅满目。例如，清水美和的《中国农民的反乱》（1902年）、《中国“新富人”支配》（1904年），李昌平的《中国农村崩坏》（1904年日译本出版）等。我到北京之后，眼睛看见的，耳朵听见的，是一再发生的煤矿事故，以及因土地征收而越级上诉的事件等抗议活动。

的确，这样的状况是存在着。和一般国家不同的是，在这种状况下中国共产党所采取的行动。胡锦涛之所以提出“科学发展观”，就是预作准备。无论如何，中国共产党没有理论依据支持就无法采取行动。

若反过来看，意图转变为一个使经济持续增长的制度，实现以国民为中心的和谐社会，可是，若不能保持社会的安定，中国肯定不会有将来，这一点也反映严重的现实情况。事实上，中国政府正拼命思考、认真行动以解决问题。

譬如，说到有关“三农（农村、农业、农民）问题”，在解决方面已有某种程度的进展。最重要的是，减轻农民负担的措施。在农村的义务教育上，公费负担的部分已有增加。农村最低生活保障制度、农村医疗制度、农村老人年金制度等也都齐备了。政府有关三农问题的支出，的确也增大起来了。

就中期来说，中国推行的构想是，以中西部为中心，联结原有的都市，创造出数千万人规模的大都市圈。另有政策，是将农民拉出农村，并由都市的第三产业加以吸收，因为若只靠农业来改善农民生活水平，则有必要使农业人口急遽减少。

有关胡锦涛、温家宝改革体制的努力，在沈大伟先生所著的《中国共产党》一书中，有实证性的评价[①]。

中国的烦恼仍存在

总的来说，中国共产党的适应能力很强。当我刚想到这是中国所遇到的问题，并暗中进行调查时，中国共产党就已经在思考解决之道了。这是从 20 世纪 80 年代初期开始观察中国的我长年累积下来的感觉。在把握、分析问题点，思索应对方法，以及执行对策的能力上，中国共产党都相当不错。

虽说附加了“社会主义”或者“具有中国特色的”这样的形容词，但从计划经济往市场经济转变的过程中，纵使伴随着极大的困难，结果还是实现

① 沈大伟：《中国共产党》，加利福尼亚大学，2008 年。

了。尽管中国在政治上的改革还不够充分，但因经济发展而促进社会变化，所以如果比起80年代，政治方面也有相当大的改变。连中国国民都感觉到的“自由的空间”，确实持续扩大中。

“三农问题”促使人们为了建立路线而拼命努力着。党组织的强化，尤其农村基层组织的强化，更是紧急之务，因此，为了解决这些问题而努力不懈着。

然而腐败和贪污的问题，相当难解决。在解决中国所关注的问题时，这正是一个最大障碍。

我经常使用这个比喻——“无论怎样的名医，也不能为自己的病痛进行手术”，我把这个问题传达给我的中国朋友。如果按照中国现在的体制，纵使可以查明原因，却难以排除它。总之，越是困难的病症，越是如此。

有关腐败和贪污的问题，事实上就某方面来说，制度不健全也是个原因。有关制度，中国虽然拼命想改革、改善，但仍有长远的路要走。尽管它持续努力将党的纪律检察组织和国家的司法、检察制度化，并且强化执法的能力，但是在实际效用上仍不是令人很满意……

制度化与腐败及贪污的关系，固然有程度上的差别，但即使在世界的任何国家，也都有得不到解决的一面。因此，通常没有所谓完备的事情，在检察和监督缺乏完备的中国更是如此。

更严重的是，中国共产党直接面对的问题变得多样化、复杂化，同时有关以往未解决而遗留下来的问题，其解决方法变得越来越难。另一方面，为突破既得利益“扩大化”所做的改革努力，还要付出很大精力。中国共产党的执政能力之改善与他们所遇到的问题之深刻，彼此之间形成一种紧张关系，这对中国共产党来说是极大的挑战。

不过，依常识性的看法是，目前，其实也是相当长的时期，中国仍将保持一定程度的安定，并持续发展着经济吧。不管怎样，中国在这 30 余年间，达成了年平均超过 9 个百分点的经济增长，且稳健地改善国民的生活，这是在现实中所发生的世界“奇迹”。在今后相当长的岁月里，中国将继续走在更为坚实、朝向世界大国的境界之道上。对我们而言，在这个前提下推出政策，是最合乎道理的。

三、经济发展所改变的社会

中国社会的变化

吴军华先生在《中国——宁静的革命》（2008 年）一书中，针对中国崩坏论不会成为现实问题所提出的理由之一，是中国社会的变化。[①] 的确，苏联和东欧国家的崩坏与共产党政权的瓦解，对中国而言，扮演了“反面教材”的角色。

---

① 吴军华先生的论点如下：苏联、东欧诸国的巨变唤醒了中国社会的“安定志向”，对于经历过近代以来的战争、内战、“文革”的绝大部分中国人来说，对社会安定的期待强过于对民主的期待。苏联的瓦解，给予具有强烈“中国一统”之传统观念的中国巨大的冲击。苏联、东欧的社会主义国家营运失败，给予中国国民强烈的心理上的影响。

再者，“中国的奇迹”，尤其中国率先度过2008年的世界经济危机，再加上答应担任拉动世界经济的角色等等，不仅满足了中国人的自豪心，还加深了对自家制度的信心。这一点虽然有可能成为对自我变革的抗拒，亦即成为改革的重要阻碍因素，但同时也有可能成为对中国政治与经济基本结构的支持，并且作为支持中国安定的要素而发挥作用。

然而，经济发展将会改变社会，而且持续改变下去。“信息化”，由于新的信息和知识不断地注入，也促使社会的变化加快脚步。另一方面还得加上世代交替的因素。

此外还有其他助长社会不安定的因素。中国，因价值观的问题而隐伏诸多问题。

中国共产党，既是马列主义之党，也是唯物主义者。另一方面，支撑中国封建制度近两千年的儒学，在近代曾遭受彻底的批判与否定，其高峰在“文革”时期。

在旧价值观被破坏且新价值观尚未被建立之时，由于改革开放政策，物质文明和欧美的价值观一起蜂拥地流入了中国。

这意味着，中国一度处于严重混乱、迷茫的时期。在此期间，看起来孔子所代表的传统价值观正一点一点地复活过来，这种情况是可以理解的。纵使钱财方面变得丰富，但却开始感受到精神上的匮乏，所以需要信仰来填补心灵的空白。

社会一旦改变，若价值观不固定，会造成许多不安定的因素。在中国，就算直接要求平等的事情并不多见，但对于贫富差距的不满却是强烈的。由于很容易取得许多信息和知识，一旦越多人知道贫富差距的实情与腐败的实态，将会制造出社会不满的“空气”。即使中国也和日本一样，社会的“空气”扮演了很大的角色。

此外还须加上的因素是，信息化社会的来临。它的来临，扮演了一个特别的角色，不但让知识和信息普及，而且提升了传播的速度。在中国，约有四亿网民，手机也普及六亿用户，亦有短信功能。因此，中国社会的“空气”，形成得非常快，同时立刻起变化。

在日本也出现类似的状况，而在中国，人们也将所有的事情写在网络上，广泛流传。虽然当局有很多的管制，可是信息空间急速扩大，使得来自当局的管制相对变小。由于信息量绝对性的增加，以往从远处看来无法了解的事情，现在都能看清楚了。过去无法比较的，现在已能够比较，而加强了差别待遇和贫富差距的感觉。我本身也有许多机会感受到这样的事情。事实上，中国人所知道的各种事情，比我们想象的还多、还清楚呢。

总而言之，中国社会的变化，虽然在克服一些问题的后遗症上扮演了一定的角色，但同时也制造出新的问题。中国社会的“空气”影响了领导者的决策，所以中国方面经常提到中国的“舆论”，显然并非毫无根据。当然，有关和国家及党的根本问题，中国共产党仍不妥协地贯彻自己的意志，我想，这就是它的本质吧。

中国是威胁吗？

人类的一个有趣的特点是，凡是认为好的，就只看到好的；认为坏的，就只看到坏的。最近的中国，只因为它那令人惊异的增长，自然很容易被放大来检视。因此，有关中国的“威胁”，也不能不谈谈吧。

经过这十年，中国的 GDP 变成三倍多，此后将超越日本，成为世界第二位（已经超越日本）。它的经济体制也在改善之中，从一个把加工贸易的场地提供给外资企业的国家，往已有不少企业进入世界五百强的国家转变。[①]在中国，包含钢铁和汽车，在许多领域中自夸拥有世界最大生产量的企业，不胜枚举。此外，在技术水准和研究开发的领域中，中国也奋起直追。

在经济急速发展的背景下，中国政府的财政收入急速增加。在这十年，约为六倍，2009 年达到 68 500 亿元（约 94 万亿日元）。与日本财政收入（中央与地方合计）几乎相同。此外，税收的增长率，除了 2009 年受到世界经济危机的影响，下降到个位数以外，所有的年度均以二位数增加，而且都在 20% 前后，甚至也有超过 30% 的年度。

一般的财政收入，让军事预算到 2009 年为止的 21 年间，能够继续以两位数增长。2010 年的军事预算，虽然与前年比仅增加 7.5%，但金额却是 5321 亿元（约 7 万亿日元）。顺便一提，2010 年日本的防卫预算约 5 万亿日元。伦敦的国际战略研究所（IISS）、斯德哥尔摩国际和平研究所（SIPRI）预测，中国的军事预算还会更多。2010 年的 SIPRI 报告说，连续两年中国都是世界第二位的军事预算大国。

---

① 美国《财富》杂志 2010 年版，营业额前 500 名的公司之中，中国有 54 家，前 10 名的有 3 家。前 500 名中日本则有 71 家，前 10 名则有 2 家。

固然科学技术不断进步，中国人民解放军也在稳健地进行现代化，但其状况的透明程度还很低，这一点是形成“中国威胁论”的最大原因。

中国人民解放军的相关人士曾对我抱怨说：“由于大使没有充分说明中国的情况，所以中国完全被误解了。”的确，中国安全保障政策已被写成文章发表出来，但很容易被忘记的是，中国人民解放军的将军和参谋们，既是军人同时也是共产党员。由于军队组织当中也有党的组织，所以中国人民解放军的部队里一定是政治委员担任部队领导人。总之，中国人民解放军拥有军事与政治两套神经系统，而且以政治为优先。其次，军方领导部门的人事，也掌握在党中央手里。

……

对中国领导阶层而言，社会的安定与经济的发展，比什么都重要。在这般全球化的世界经济中，为了使中国经济持续发展，理所当然，需要一个和平的国际环境，让中国的经济和世界联结在一起，而且还可以自由地交流和交易。因此中国出现了和平与发展的对外政策，以及和谐的外交，也就是说，不会采取与此相反的军事政策。

然而，从中国的内政观点来看，应该还有其他与经济不同的理由，其中一个是“台湾问题”，另一个是“确保海洋权益和主权”。为此，必要的军事力量和军事作战是被认可的，然而这正是让军事预算大增的重要原因。

介绍一个例子。1996 年 3 月，在台湾所谓的“总统”选举之时，中国政府曾经在台湾近海实施导弹发射训练。然而与中国方面的预想相反，美国派遣了包含两艘航空母舰的第七舰队，因此，在两岸统一的方案中，中国必须将美军的参与也一并考虑进来。

即使“台湾问题”只有一个方案，但只要能够回避来自中国大陆军事实力的压制，就有可能“独立”。何况如果对方是李登辉，便令人感到担心，而继他之后的陈水扁，更令人担忧。因此，对中国政府而言，举凡台湾有可能不屈服于军事实力的行动计划，都必须将它摧毁。如此一来，拥有足以拒绝美军接近中国台湾地区的能力，乃是接下来的课题。

虽然最近中国海军的能力增强，但我不认为这意味着整个中国已做出了决定，想和美国在太平洋上争霸。事实上，还未到达这个阶段。中国的国民舆论认为，大国当然应该拥有与其相称的军事力量，其次，经过世界经济危机之后，要求巩固“大国”地位的国民舆论也颇具威力。因此，军事实力仍继续被强化，不过，还不至于只为了和美国对立，却把其他政策的目的也牺牲掉了。

然而在美国，觉得受到中国挑战的人已然出现。无疑地，这也造成日本以及许多周边国家的忧心。

以台湾问题或确保海洋权益及主权为借口，不断增强的中国军事力量，尤其是海军力量。因此中国方面有必要认真地思考它将带给国际社会怎样的影响，而对此要提出什么样的说明。

军事实力的特点是，增大的趋势（反过来说，衰退的趋势）不容易改变。因为装备的供给计划耗费时间极长，不可能即刻修改，更何况中国军队仍在持续增强中。

军事实力还有另一个特点是，如果改变使用方向，会带来完全不同的结果。为解放台湾而准备的军事力量，任谁也不知道，接下来可以用到哪里去。

因此，军事的透明性必须更加提高。为什么？因为军事安全保障的基本规则，在于为最坏的状况做准备。如果中国方面公开得越少，其他国家对中国所设想的状况越容易形成大落差。这显然不利于中国。对中国而言，透明性的改善，也是好事一桩。

随着获得世界大国的地位，中国被当做原有秩序的“挑战者”，于是冒出另一个“中国威胁论”，严格地说，应该已经出现了。第二次世界大战后的国际性架构，代表了美国的世界观、价值观，以及美国的利益，但随着中国提高了作为大国的地位后，中国的世界观、价值观，以及中国的利益仿佛来到了面前。因此，出现对此种状况的警戒与反抗，本是自然的趋势。中国方面也意识到这一点，时常提到“和平的”崛起，同时似乎对大国的兴亡也抱着强烈的兴趣。

问题是，中国对原有的国际秩序该怎么办。尝试更好的东西，是理所当然的，但果真中国连国际秩序的变更也要求吗？如果是，那要到什么程度呢？根据这些，可以决定中国和世界的既得利益国家群体之间的关系吧。倘若中国被视为敌对势力，那么，它的兴起就会被当作威胁来论断。是时候了，中国应该说说自己的世界观和价值观，以及为了实现它们，想做些什么事情。

第二章

日中之间的三个问题

1972年日中实现邦交正常化以来，已经38年。在这期间，日中关系不仅在国际政治的惊涛骇浪中接受磨炼，而且也受到本国国民情感的影响。因此，若干问题得以明朗化。这是历来的日中关系，同时也是思考作为本书主题——日中关系之前提的“现状”。

且先说一说结论，总而言之，“台湾问题”“有关领土的问题”“历史问题”，很明显是日中关系的三大难关。此外还得加上最近伴随中国大国化而来的“海洋势力扩张与海军增强的问题”。

这些问题，各自成为中国问题、日本问题，因而在各自的国家里形成极难处理的国民情感问题。在内政上，它们变成重要又显著的国内问题，而且内政的逻辑和考虑注定要压倒外交的逻辑和考虑。

这一点使得国与国之间、国民与国民之间，难以确立彼此的信赖。由于完全不明白或者误解对方的所思所想而引起猜疑心，一再造成情感的恶性循环，所以，好好地认识、理解对方，提高信赖感，建立新的合作关系等，自然无法维持。固然双方三番两次努力想这么做，但仍未成功。

总之，日中外交，与其说是被大局观或战略观所支撑，不如说是为了处理当时的案件而疲于奔命的外交。这一点实在有改变之必要，而现在，我们正站在改变的入口处。不，据我的判断，已经进到入口大门里面了。

本章的目的，在记述历来的日中关系。因为如果不好好抓住这一点，便无法构想如何建立新的日中关系。毕竟认真的现状分析，乃是讨论今后方针的重要基础。

一、日中关系的自画像

中国自画像

中国拥有960万平方公里的广大领土，人们慢慢地形成现在所谓的“民族”。许多民族一边彼此互相影响，一边缔造了以汉族为中心的中华文明。

即使有人主张，“汉民族”这个概念并非基于DNA和血缘，而是指共享文化之人的大集合，但对此说法表示抗拒、反对的中国知识分子至今还未出现。之所以人们会这么想，出自以下非常单纯的疑问：身躯巨大的山东人和瘦小的广东人，真是同一民族吗？

然而越读中国历史越会相信，汉民族的确是一个文化性的概念。因考古学的发展，逐渐了解在四川省、湖南省或者云南省，曾经存在着比黄河流域文明更古老的文化。

在发明文字，留下记录之后，形成中华文明的核心思想被创造出来，所以黄河文明才变成中华文明的代名词。在形成的过程中，许多民族的文化彼此影响、相互刺激，对中华文明的生成与发展做出了贡献。所以，此后似乎许多民族也自称汉民族了。

这虽然被称为同化，但却不能忽视被同化者对同化者的影响。若以这种观点来看，中国今日的少数民族问题，好像也有其他的解决方法似的。

稍微偏离主题一下，过去住在中国大陆的人，一次又一次遭到北方草原地带异民族的入侵。换另一个方式说，只有北方有入侵的进入，而其他地区可以说被山脉和沙漠封闭起来。

尽管受到北方诸民族几次的侵略和统治，但是最后汉民族又取得天下。这是中国传统的说法。事实上，北方诸民族也扮演了联结整个欧亚大陆的角色，而且将同时代欧亚大陆许多优秀的文化带进中国，进而对中华文明的发展做出了贡献。

中国的厉害之处，在于中国自信文化水平高，经济发达，人口众多，非但没有向外夺取，反而把人拉进来。因此，有相当一部分的北方民族变成汉族，或者以少数民族的形态留在中国。

总之，拥有一统的广大空间（这个空间观念随时代改变），在这里，文字被统一，以儒学、老庄思想，加上佛教等思想的世界也被创造出来。

在中国古代政治上最重要的是儒学，是法家思想。既有“天”，则有“天下”，天下只由一个皇帝统治的思想和架构也完成了。四周的民族，变成“蛮族”，而有“华夷秩序”，有“朝贡贸易”。天下只有一个，而它以中国来代表。无论如何，整个中国人的想法就是，中国必须只有一个。如此一来，所谓天下，就是世界，故而中国应该统治世界。

但是毕竟到了21世纪，这种想法已经变得不切实际。然而现在的中国人觉得，中国成为世界的领导国家之一本是理所当然的，实际上，中国也几乎到达了这个地步。是的，它是亚洲的领导人，但这位领导人，仍怀着自1840年鸦片战争以来的屈辱与伤心，因此，在某些地方，显得稍微情绪不安。

再者，中国连一次也没承认过日本是亚洲的领导人，甚至不曾感觉过。即使战后，日本也是经常透过美国这个三棱镜才被人们看见的。

在第三章里，虽然还会有评述，不过，中国已经开始认为，加强与日合作是不可欠缺的。即使在中国，如何将日本定位，也成了一个既难以处理却又巴不得早点得出结论的课题，因此，中国领导层心中已有定论，我想，这种看法应该说得通吧？

日本自画像

由中国完成的传统中华世界秩序观，当然以中国为中心，对在它以外地区的角色和影响评价甚低。不过，到了最近，以欧亚大陆为舞台，北方诸民族的故事似乎经常被谈论到，其次，中国各地区的固有文化也开始重新被审视，同时中国本身也接近自己“等身大”的状态。事实上，像这样的状况，是应该受到欢迎的。

在传统的中华秩序里，日本所占的位置其实是很特殊的。日本和中国的关系，从卑弥呼的时代便已开始，持续到大和朝廷初期为止，这个关系既保证了作为统治者（在日本的统治者）的权威，也显示了统治的正当性，这可以说日本被纳入中国的世界秩序之中。

此后，除了足利义满为了与明朝进行贸易以获取经济利益，而采取类似朝贡贸易制度的这个时期以外，日本有意将自己置于中国的世界秩序之外。另一方面，日本却又拼命吸取以佛教和儒学为首的先进文明，贪婪地学习统治国家所需要的知识，积极吸收与日本美学完全吻合的文化，然后再形成自己的东西。由于日本对中国的文明和文化非常憧憬，所以拼命地接受，但经过一段时间之后，这回却是对接受来自外部的东西产生反抗，而要求属于日本自己的东西。

从很久以前开始，日本就一直与中国进行着“外来文化的日本化”，到了明治以后，当和西洋文明对峙时，也做出了相同的事。如果对于日本人耗费在接受、消化外来文化，并使其进一步发展的力量上给予过低的评价，那将无法了解真正的日本。

在中国，有人认为日本文化是中国文化的“亚流”。若是“亚流”文化，自认保有“主流”文化的人，就不觉得有必要去学习它。因此，中国对日本的了解一直没有什么进展。最近，各式各样有关日本的书籍在中国出版了，这可以说是个令人高兴的情况。

纵使对接受中国文化有所抗拒，但是在日本知识分子之间，对中国文明依旧牢牢地保持着深刻的敬意。可是，一到 19 世纪中叶，由于作为倚靠的中国竟沦为西洋列强的饵食，向世界暴露出软弱的体质，所以日本对中国的尊敬消失，对中国的期待破灭。日本决心只靠自己的力量活下去，于是再一次拼命开始学习外来的文化，然而这一次是西洋文化，尤其是科学技术，并朝着“和魂洋才”的方向前进。

从这个时候起，日本乃是先进国家这样的意识被固定下来。其中之一，就如同福泽谕吉的话所代表的“脱亚入欧”一般，在意识中，日本自认已不再属于亚洲，反而是欧美先进国家的一部分。另一方面，日本萌生一种情绪，认为最先进的自己乃是亚洲的领导人。后者的最后一个例子，就是“大东亚共荣圈”的构想，这话说起来相当地矫揉造作。然而它因日本的战败而结束，而且日本落入从零开始重新出发的窘境。

战后的日本，虽然有前辈们的拼命努力，但也有运气。如果有人说，运气也包含在实力之中，那话就说不下去了，不过，受惠于努力和运气，1968年日本的经济力超越德国，转眼间变成世界第二位。这件事本身，固然是留名青史的壮举，但也唤醒了日本对亚洲的优越感，强化了自己理所当然是亚洲领导人的意识。

事实上，日本并非真正的领导人（亚洲的真正领导人，是战后世界之领导人的美国），虽然只承担了作为领导人的一小部分任务，但是领导人这种感觉却浸透日本人的心。至少在亚洲是第一名的意识在日本人心中固定下来了。

一个是，具有自外于中国的特殊感觉，拥有亚洲第一意识的日本；另一个是，自认为从很久以前就不仅是亚洲而且是世界第一的中国，而且这个中国已超过日本的经济规模。此两者的相互关系，实有必要早日在国民意识之层级上找出一个合理的谐调点。基于这个原因，我认为它是日中关系目前最大的课题。

二、邦交正常化与“台湾问题”

在任何时代都是重要的国家

当一时的兴奋冷却后，就会察觉到一个简单的历史事实：对日本而言，在任何时代的中国问题，都是重要的内政问题，以及外交课题。中国问题的重要性，不限于这数十年而已，不只因为它是邻近的大国，还要再加上文化与经济的因素。我们首先应确认的事实是，对日本来说，在任何时代，中国都是个重要的国家。

日本古代王权和王朝，对朝鲜半岛和中国大陆那份异常的高度关心，着实超乎我们的想象。因此有圣德太子和遣隋使、遣唐使的时代，因学习隋唐的制度与文化而完成了统一的日本国家。虽然在形式上有平安时代、镰仓时代、室町时代的不同，但中国问题却一直存在，而且佛教、儒学、老庄思想、绘画、书法，以及唐和宋的文化，持续不断传入日本。

每经过一段时间，便进入反抗外来文化和外来文化日本化这个老套的程序中。对中国的憧憬与反抗，亦是中国问题的另一面。元朝皇帝忽必烈企图使日本屈服的“蒙古袭来”，对日本人往后的对外观和国家观，留下无法磨灭的影响。

19 世纪后半叶，世界进入帝国主义时代。欧美列强入侵亚洲，在日本带来了明治维新，至于中国问题，对日本来说，在内政和外交上仍然经常是个极重要的课题。不少研究者认为，日美战争爆发的根源在于中国问题上。自 1894 年“日清战争”（甲午战争）以来日本和中国的关系，在中国被当做负面遗产而继承下来。对日本的恨，根深蒂固。日本与中国的关系，也以复杂的情感问题存在着，因为在日本许多人对“侵略”二字有着强烈的反感。日中的“历史问题”和双方的情感问题，彼此有着很大的关联。

发动陷入泥沼的“日中战争”（侵华战争）和太平洋战争之后，日本朝着失败直线前进。选择实质无条件投降的日本，借着1951年的《旧金山和约》，再以主权国家的身份重新回归国际社会。另一方面，日本也缔结了《日美安全保障条约》，将安全保障委托给美国，外交也期待美国的领导，本身只一意追求经济的发展，这就是战后日本的基本方针，亦即所谓的“吉田主义”，也就是轻武装、重视经济主义。这个架构完成于1955年，亦即将政党、政府、财界三者结成一体，以追求国策的“五五年体制”。在往后很长的一段时间里，它规定了日本的发展道路和生存方法。

对中关系也无例外。有关台湾的政治地位及主权归属，中国大陆与台湾之间的政治问题在和日本的关系上，也以“台湾问题”的形式占据了重要的地位。提起它的背景，最初是中国共产党与中国国民党之间的问题，后来，加入台湾住民的想法，而使得问题复杂化。还有一点是，从一开始美国便涉入甚深。“台湾问题”，自从开始就牵扯到复杂的国际问题。此外，日本也不只是因为地理上的接近，而是一个将台湾当做殖民地统治了50年，所以有着那种“不得不”的深刻关系。

1949年，败于中国共产党，蒋介石政权逃往台湾，同年，中国共产党宣布成立中华人民共和国。

在这个时候，资本主义和共产主义的意识形态对立，以及确保势力范围之地缘政治学的对立形成了美苏的东西冷战格局。美国的判断是，中国以“代理人”的身份，也将在亚洲形成这样的结构。1950年，朝鲜战争爆发，美国的对日占领政策，立刻起了重大改变。1952年，日本与中国台湾的“中华民国政府”建立“邦交”，这是在美国强烈意志下的产物。日本与中华人民共和国持续着无邦交的状态，维持着意识形态的、地缘政治学上的对立。

中苏对立的明显化发展成1969年的中苏军事冲突。苏联似有若无地想对中国使用核子武器，美国也因陷入越战的泥沼而苦不堪言。想利用美国来减轻苏联威胁的中国，和想利用中国以保住面子从越南撤退的美国，两者的想法是一致的，1971年尼克松访华，发表《上海联合公报》。

然而有关“台湾问题”的处理，美中双方的交涉延续了很久，直到1979年两国才正式建交。当时，美国国会由于对行政单位的处置感到不服，所以通过了在实质上义务防卫台湾的《台湾关系法》，以换取承认和中国的建交，同时也绑住了行政单位的外交手脚。此法规定，美国对台湾的安全具有一定的责任。它也成为美国持续供应台湾武器的法理根据。

因日中邦交正常化而走向新时代

为了写这本书，再一次仔细浏览了由霞山会出版的《日中关系基本资料集（1949—1997）》和《日中关系基本数据集（1972—2008）》所附带的年表。一旦遇上和自己有直接关系的时代大事，就让我回想起许多事情来。

1972年7月，田中角荣首相提出日中邦交正常化当做政见之一而登上舞台。9月，他和外务大臣大平正芳一起访问中国，29日发表历史性的《日中联合声明》。此时是处于“文化大革命”时期的中国，是毛泽东主席、周恩来总理、姬鹏飞外长的时代。此举意味切断以往和台湾的“中华民国”所拥有的正式关系，与在中国大陆的中华人民共和国建立邦交关系。

这个联合声明，是日中关系基本中的基本，因此，作为卷末资料一附于本书后面，请务必读一读。此外，《纪录与考证——日中外交正常化、日中和平友好条约缔结交涉》(石井明、朱建荣、添谷芳秀、林晓光编，2003 年) 也收集了许多值得参考的资料。

有关迄今为止被无异议接受的日中关系，在当时的自由民主党中却是个大问题，其严重程度很有可能导致党的分裂。反对日中邦交正常化派，亦即维持与中国台湾“邦交”派以为：“田中首相，即使访华，与中国国家关系正常化，当遇到断绝与台湾关系的状况时，他答应再一次和党商量。”后来他们认为遭到背叛，所以强烈反对发表日中联合声明。在前面提到的《纪录与考证》之中，田中首相预测了回国后的事态：“(由于断绝与台湾的关系) 在自民党内引起违反党议的问题。”

1973 年 7 月我隶属于亚洲局中国课，成为在联合声明限制下最初的实务协议——日中航空协定之负责官员。一见之下，问题最大的却是和航空协议毫无关联而与台湾地位有关的问题。

好几次我和大平大臣一起被叫进自民党的总务会，受到严厉的批评。我亲身感受到，对日中邦交正常化根深蒂固的反抗真是波涛汹涌。其中最激烈的是青岚会的每一个人，包括了后来对日本的政治产生重大影响的中川一郎、藤尾正行、渡边美智雄、石原慎太郎等人。

此时的外交，没错，在“政治主导”下发展。

最初的难关是“台湾问题”

在日中之间，“台湾问题”从一开始就占了极重要的地位。即使到今天，日中关系的难关之一，还是“台湾问题”。实际上，后来有关将所有权从台湾当局移往中国大陆而造成议论的光华寮问题、以李登辉为首的“台湾要员”访日、国际会议的“台湾代表”出席问题等，与日本、台湾交流有关的问题，实在不胜枚举。所有这些，都和“所谓中国在何处”这个根本问题有关。

台湾问题，与中国统一的问题有极深的关联。受迫于帝国主义列强而割让国土，并且被置于半殖民地的状态，此事对于身为大国，甚至以悠久历史而感到自豪的超大国之中华民族来说，是一个屈辱的大污点。

中国必须统一的这个大原则，是从儒家思想产生出来的吧，因为在“天”之下，只由一个“天子”统治，也是中国人的历史观吧。

如今，对中国人来说，“一个中国”是常识中的常识，不需要任何理论，反正中国必须统一。凡与此相反的想法和行动，就是反国家、反中国。在这不可违反的绝对主张之前，从未见过有任何中国人述说不同的意见。话说“何谓中国”“中国的范围到哪里为止”“何谓中国人”这些根本性的问题虽然一直存在着，但却没有被追究讨论的形迹。

总而言之，中国就是必须统一。为什么？台湾是个有问题的地方，它因“日清战争”（甲午战争）而被割让给帝国主义的日本，不仅是这样的原委，当建设新中国之际，也受到帝国主义的美国之阻挠，故而无法统一。只要台湾不回归，这一幕屈辱的历史就无法落幕。

不论西藏问题，或者新疆问题，虽然和民族问题有关，但在本质上都是中国统一的问题。一旦被视为从中国分裂出来的行动，即使有任何的理由也决不被许可，于是不得不再次回到“中国必须统一”这个绝对法则之上。

然而，对日本和美国来说，原本和逃到台湾的蒋介石“中华民国政权”，在战后保持相当长时间的“邦交”，不论经济的关系，或者人与人的关系，都相当地深。事实上，维持这些关系，是日美两国的国家利益。另一个判断是，就西太平洋安全保障的观点而言，美国和中国台湾地区的合作关系是有必要的。

因此，建立与中国之间的外交关系时，日美两国所处的交涉立场是，既要充分考虑到中国政府的立场，又要尽可能保持住和台湾当局的关系。

结果，首先有关政府承认的问题，在1972年的《日中联合声明》里有这样的记载：“日本国政府承认中华人民共和国政府是中国的唯一合法政府”（第二项）。据此，日本承认中华人民共和国政府是中国正统的政府，唯有透过同一政府，才能保持日中之间国与国的关系。如果从“一个国家，一个政府”的国际法原则看来，这是理所当然的。

接着，有关台湾的地位问题，表现在联合声明中的是，“中华人民共和国政府重申：台湾是中华人民共和国领土不可分割的一部分”，“日本国政府充分理解和尊重中国政府的这一立场，并坚持遵循《波茨坦公告》第八条的立场”。

这个说法，颇难以了解。虽然是相当粗略的东西，但如果整理的话，能够得出以下的要点：

（一）在法律上，日本于《旧金山和约》中放弃台湾。该条约决定把台湾的归属委于将来再行解决。

（二）中国主张，不认可《旧金山和约》，台湾归属于中国，是中国领土不可分割的一部分。日本充分理解和尊重中国的立场。

（三）若按照过去的原委，台湾应该回归中国，在政治上，日本不支持台湾独立。

（四）从地区和平与安定的观点来看，台湾问题应该和平解决。

不充分的相互理解

结果，由于日本不能保持与台湾当局之间的“外交关系”，所以和台湾当局之间的关系，仅止于民间关系、非政府间的关系。日本的立场是，承认“一个中国”，不承认“两个中国”“一中一台”。中国方面以所谓“台湾问题”而向日本政府抗议的诸多案件，都与此事有关。

把日中之间基本一致的想法套用在具体的事例上，并不像画一条线那么简单，通常都有灰色地带。这是 1972 年的联合声明本身所具有的暧昧性质所致，此外，对于双方国情不同，彼此未有充分理解也是原因之一。

再说，中国方面对日本或美国，可以感觉出彼此有着根深蒂固的不信任感。说起日本，日本与中国台湾当局有特殊的历史关系，[①] 至于美国，则包含

① 笔者从 1970 年到 1972 年在台湾学习中国话。1945 年，许多经历日本殖民统治、原本住在台湾的人（在台湾，称为本省人）很高兴因日本战败而能够回归祖国中国。可是，从大陆来的人（外省人），看不起本省人，将其当做被统治者来对待。1947 年，对此不满的本省人，以小事件危机而奋起，对此中国国民党军以武力镇压（“二二八”事件）。许多本省人被杀害，政治意识较高的人遭到逮捕、处刑。此事在本省人和外省人之间筑起一道鸿沟。在反射作用之下，只因被中国国民党压制，便唤回一部分人对日本和日本人的好感。再者，自由民主党和中国国民党之间，也有深厚的关系。此后，中国对于日本与台湾当局的“特殊关系”一直很在意。世代交替的同时，原本住在台湾之人的对日观也出现变化，和中国国民党的关系也有被改善的部分，中国方面的“担心”也变少了。

了《台湾关系法》所代表的军事方面的密切关系。有时候中国会认为，日美在背后企图把台湾从中国割裂出去。

还有台湾当局的性格，也大幅影响两者之间关系。毛泽东与蒋介石——持续合作与炽烈对立的两人，没有妥协的余地；邓小平与蒋经国——这也经历了直接的对立，不能妥协；江泽民与李登辉——虽说是李领导着国民党，因为李登辉的台湾“独立”志向，摧毁世代交替所带来的和解机会。民进党的陈水扁明确地提倡台湾“独立”，进一步造成了两岸的紧张关系。不过，与中国共产党同样采取“一个中国”立场的国民党马英九登场，两岸的紧张关系总算和缓下来。

日中之间的台湾问题，可以举光华寮问题为例。

事例本身，是极为技术性、法律性的。简单地说，位于京都的学生宿舍，其所有权应该给台湾当局或给中国大陆。其次，台湾当局具有诉讼当事者之能力吗？是否适合担任当事者呢？

中国把此事当做“两个中国”的问题，也就是说，是否承认台湾是一个国家的政治问题来处理。若对台湾做出有利的判决，意味着台湾可以代表中国，同时显示了日本的国家态度，以及日本政府必须对此事负责的立场。基于三权分立的制度，日本政府贯彻行政不能参与司法判断的立场。

且看另一个例子，有关李登辉访日的问题。

日本政府的立场是，“李登辉在‘总统’时期访日，由于明确违反日中一致的想法，所以身为日本政府不能接受。然而，当退去所有公职后，由于没有法律根据可以将他视为不同于一般人，所以不得不接受”。中国方面则主张，由于李登辉是一位拥有政治持续影响力的人物，所以不应接受。可是，日本所强调的是，“客观”的标准，也就是李登辉处在什么样的公共地位上，这一点是很重要的，因此，一个无法客观测定的“政治影响力”，并不能作为判断的标准。总之，“国情”不同再次影响了对联合声明的解释。

日本政府的方针是，牢牢遵守明确记载于《日中联合声明》之中基本一致的想法，而且在正式文件里一再确实地敲定此事。对于这一点，日本没有丝毫动摇。大的架构，不能改变，也不想改变。不过，和法律一样，任何政府之间再怎么一致的想法，也都会留下不明确的部分。在灰色地带内，有关具体性的适用，也会产生出不同的解释。因此即使到今天，日中之间炽烈的布阵作战也没停过。

由于在处理个别的具体案件之时，深受当时围绕两国关系的环境和“空气”左右，所以此事也必须先谈一谈。和中方长时间打交道所感受到的是，中国有种特质，也就是“即使对一两个案件是冷静的，一旦重复三四个案件，便深信日本政府有什么企图，如果不断然与日本抗争，就会变成无可挽回的事情”。虽然后来了解那不是事实，但中国对于包括日本的外部世界所抱持的猜疑心，远超乎我们的想象。

中方首次公开提出光华寮问题，在 1986 年 3 月，可是，1985 年 8 月，中曾根康弘首相以战后的首相身份，第一次正式参拜靖国神社。1985 年秋天，在北京和成都发生学生反日示威。直到 1986 年 1 月，中国向日本提出了和蒋介石诞生一百周年有关的行事问题。

然而光华寮问题，1977 年在京都地方法院，台湾当局败诉，1982 年在大阪高等法院，台湾当局胜诉，之后案件被送回京都地方法院更审。京都地方法院在更审判决中，宣判台湾当局胜诉，时间在1986年3月。中方把即使在1982年公开表示反对亦可的事情，硬是拖到1986年3月才开始公开批判，那是基于当时的政治环境而选择了那样的时机，我想，这种看法应该是没错的吧。

《日中和平友好条约》的交涉[①]

1974年，在大骚动中，日中航空协议获得国会批准。虽说是大骚动，但那是自民党内部的事，对日中关系态度积极的社会党等在野党，则赞成日中航空协议。因此，协议一进入国会，立刻就通过了。在那前后，贸易协议（1974年）、海运协议（1974年）、渔业协议（1975年）等实务方面的协议，也接二连三地缔结了。

1974年，日中航空协议在国会通过后不久，中国方面开口说出想缔结《日中友好和平条约》。《日中友好和平条约》的缔结，原本在《日中联合声明》中就已经约定好的。根据前面提到的《纪录与考证》，日方答应，在这次的联合声明中，当确定有关“包含战争的过去不正常关系的清算”都已处理完毕之后，如果是“规定将来的日中关系所可遵循之指针及原则的、积极性的东西”，将会接受有关和平友好条约的交涉。

在最初的几次交涉中，我以负责官员和翻译的身份参加。在中方的草案

---

① 有关交涉的内容，杉本信行的《大地的咆哮》（PHP研究所，2006年）一书记载甚详。

里，竟然有着不在“指针和原则”内的“反霸权条款”。由于这个“反霸权条款”，使得日中之间的交涉，无法轻轻松松就结束。

让中国改变和美国的关系，并且和日本关系正常化，“台湾问题”固然也是原因之一，但最大的因素却是中苏对立，以及来自苏联的威胁。1969 年，发生“珍宝岛事件”，导致中苏直接武力冲突。当时在世界到处流窜的谣言说，苏联将对中国施加核武器的先制攻击。基辛格在他的回忆录里披露说，他确信“中国用心良苦地接近我们，是因为苏联在远东急速又毫不留情地实施增强军备的结果”。① 中国强烈地感受到了苏联的威胁。

因此，中国在和平友好条约中加入了“反霸权条款”，其实，这个条约本来谈的应该是日中之间的和平与友好而已。当然，占据中国整个念头的，就是苏联。不过，也许是对美国的策略，中国一边还故意说：“美国不也是会做出那种行动的对象吗？”对日本而言，和苏联的关系也非常重要，于是说：“啊，是那样吗？”并没有立刻接受。为此，交涉继续拖延下去。

双方达成妥协，在 1978 年 8 月，正值福田赳夫首相、园田直外务大臣的时代。

“反霸权条款”，在第二条中，采取以下的形式：“缔约双方表明：任何一方都不应在亚洲和太平洋地区或其他任何地区谋求霸权，并反对任何其他国家或国家集团建立这种霸权的努力。”

同时，在第四条规定“本条约不影响缔约各方同第三国关系的立场”，

① 亨利·基辛格：《基辛格秘密〈第 3 卷〉飞向北京》，小学馆，1980 年。

此乃尽量避免对苏联造成不良影响之举。如果苏联不谅解，对日苏关系将有负面影响，而比较头痛的是，苏联可以谅解的东西，偏偏中国又吞不下去。外交交涉，经常都是妥协的，这就是它的宿命。

《日中和平友好条约》，以条约的形式巩固了日本与中国和平及友好的关系。该条约，被称为继1972年的联合声明之后，日中之间的第二份重要政治文件，显然是当之无愧的。这份文件，也以书末资料二的形式附在后面。

在条约交涉过程中，成为问题的“反霸权条款”，在后来却逐渐变得重要起来。中国的军事力量，急速增大，甚至还可听到勇敢的中国军人说：“在亚洲、太平洋与美国竞赛。”在该条约的第二条里，日中两国约定“不应……谋求霸权，并反对任何其他国家或国家集团建立这种霸权的努力”。这件事，对未来的日中关系，或者亚洲、太平洋的和平具有重大的意义。如果日中两国想担负起世界和平与发展的责任，我想，基本之一就是日中两国应该积极地向世界提出这种想法。

所谓“霸权”,《现代汉语词典》将它解释为“在国际关系上以实力操纵或控制别国的强权”。这是个不具价值判断的说法。

可是，“霸”这个汉字被用于“霸道”，和中国传统文化之中的“王道”形成对比，却变成了具有否定意味的词组。就王道而言，其思想强烈主张，不可以力服人而应以德服人。当然，在中国除儒学以外，还有其他思想，但在外交方面，从公元前春秋战国时代起，所谓“势力均衡”的现实主义想法便很强大，同时强权政治的传统亦根深蒂固。即便如此，中国还是喜好“王道”。

因此，中国的领导人也大声说出“中国永远不会称霸”。在中国的军事力量急速增强之际，正好可以测试中国“不谋求霸权”的真实价值。

在考察新时代的新日中关系之时，《日中和平友好条约》所具有的积极意义，应该给予正确的评价，而且必须把它具体化。

三、“有关领土的问题”

新的合作与对立的时代

中国到和平友好条约缔结为止，一直处于动荡的时期。1966 年“文化大革命”开始，陷中国于混乱的漩涡中。在稍微回稳的 1972 年，实现了日中邦交正常化。1976 年“文化大革命”结束。

1976 年 1 月，周恩来去世；7 月，朱德去世；接着 9 月，毛泽东去世。10 月，以江青为首的“四人帮”遭到逮捕，于是这个动荡的时期收敛在 1978 年的改革开放政策之中。

中国的改革开放政策，将中国对外开放、对内进行改革，不仅对日本，甚至对整个世界而言，这也是一个应该受到欢迎的政策。结果，日中关系确实加深，而相互依赖的关系也增强。最具代表性的，可以说是对中国的经济合作。虽然彼此的交流有所增加，但是交流越深，摩擦也越大。

邦交正常化之前的日本与中国，虽然彼此介意，但毕竟是远距离的存在，因此，即使用扩音器隔空相互怒骂也无妨，可是一旦有了正式邦交，就不能再这样了。当直接接触变得频繁时，摩擦也随之增加，这就必须透过交涉来解决。

在累积这样的经验与实践当中，日中之间的“游戏规则”也逐渐成形。由于“规则”尚有不完备之处，同时也有随着时代变化而行不通的部分，所以规则的制定与重新审视的作业，就有恒常实施的必要。

此事和建立起能使日中关系稳定的重要手段有关。同时，另一方面，也必须遵守所制定出来的规则。尤其中方，在很多情况下，如同一个人长期持续做着同样的工作，由于他们熟知规则，所以倘若我们不知道，就很难做事了。另一方面，修订规则也不容易。

这样的日中关系在逐渐扩大时所产生出的问题是“有关领土的问题”① 和“历史问题”。这两个问题，无疑可以是说继“台湾问题”之后的第二及第三个难关。

四、对经济合作日中的视线

经济合作与历史问题

事实上，原本应是“好事”的经济合作，在日中之间也无法走在单纯的道路上。虽然日元借款——对中经济协助之大宗——因 2007 年 12 月的新规

① 我在台湾地区研修中国话的 20 世纪 70 年代初期，蒋介石政权主张不仅是蒙古，冲绳也是中国领土。不过，中国主张所有权的，只限钓鱼岛。有关这个领土的问题与经济海域界线的确定问题，虽然有紧密的关系，但性质却不相同。

而结束，但是为了理解复杂又微妙的日中关系，实有必要事先回顾一下有关对中经济协助的历史。

在“文革”的大波浪中几度浮沉的，正是邓小平。1968 年从党总书记一职遭到解任，第二年，被下放。1973 年 3 月，获得复职而担任副总理，但 1976 年因周恩来病逝而再度下台。第三次的复出，在推动“文革”的“四人帮”被捕之后的 1977 年。这位邓小平，创造了今天中国巨大发展的基础。

第二次复出之后的 1974 年 4 月，邓小平以中国代表团团长身份，出席联合国资源总会，对美国的堂堂风貌感到非常惊叹。在第三次复出后，为了交换《日中和平友好条约》的批准书，从 1978 年 10 月 22 日到 29 日正式访问日本。那个时候，邓小平脑中的中国现代化形象和已经完成现代化的日本重叠在一起。刹那间，日本被认为是中国现代化最重要的范本之一。

在 1978 年 12 月的中国共产党第十届三中全会上，因邓小平的想法和实行力，决定了国内改革、对外开放的“改革开放政策”。当然，作为反面教材的“文革”十年，也是促成此一决定的部分原因。中国社会发出“已经受够了文革和硬邦邦的政府部门”的声音，转而支持、推展改革开放政策这种“新思考”。

此后 30 多年，中国产生巨大变化，经济的发展可以说到达了惊人的程度。这正是和平时代的“革命”成功了。这个重视经济的路线，在改变与日本的关系上，在某个时候，扮演了支持者的角色。

虽然在成功之后的今天看不出来，但是中国改革开放的路途绝非平坦的，因为不知渡过多少次困难的时期。期间，日本尽力协助及支持中国这个不断摸索和处于困难时期的国家。在改革开放政策的初期，唯一支持中国资金与技术的就是日本政府。1999 年，对于中国加入 WTO，在主要国家之中，最先完成交涉并表明支持其加盟的还是日本。这些事实，希望中国人也能正确地认识，并且留在记忆中。

然而一进入 20 世纪 90 年代，原本日本的对中经济合作应该能够加深日中关系，岂料竟变成日中关系的“刺”。

何谓对中ODA

在日中关系的惊涛骇浪中，日本对中经济合作持续遭受考验。对中协助的开端，始于 1980 年日本的对中日元借款，也就是官方发展援助（ODA）。

且先说结论，日本的对中 ODA，对于中国改革开放政策取得成功方面做出了巨大贡献，而且成为支撑安定的日中关系之强固基础，同时，中国的经济发展，不只对日本，对广大的亚洲、太平洋，乃至对世界的安定与发展，必定有其贡献。

这个对中 ODA，始于 1979 年 12 月大平正芳首相在北京明确表示开始对中国经济协助一事。在政协礼堂的演讲中，大平首相如是说道：

“世界各国，将贵国的现代化政策视为应该给予祝福的东西而接受了它，别无他意，是因为借着这个政策，能够期待国际协调的畅通，而且出现一个更富饶的中国，可以带来更好的世界。世界这样的期待证明了我国强力提出协助中国现代化的方针，不论理由，或者我国独自的想法，都是正确的。”

世界对改革开放政策表示明确的支持，并透过此事对中国产生期待——中国不是世界秩序的破坏者，世界期待中国在维持和构筑世界秩序方面成为负起责任的大国。到 2008 年度为止，日本对中国累计贷款 33164 亿日元，1530 亿日元的免费资金协助，另有 1670 亿日元的技术合作。

日元借款的提供，当初以经济基础建设为中心，占日本财政支出的比例不高（平均 0.5%），而且被集中用于支持中国经济发展。在推进改革开放政策最重要的初期，对中国的国家建设而言，日元借款扮演了什么样的重要角色，是很容易了解的。

改革开放的初期，为了中国的现代化，日本的民间企业也满怀诚意地热心协助。新日本制铁的协助宝山钢铁厂，正是典型的例子。“文化大革命”结束后，开始第三次大型工厂的进口，其中之一便是这个项目，据说它的规模是最大的。有的项目是 1978 年邓小平访日之时与当时的会长稻山嘉宽商议协助的。1978 年，基本协议书签字，1985 年 11 月第一期工事完成。

其间，中国出现对“洋跃进”（依赖外国的大跃进）的批判，这个宝山计划案遂成了众矢之的。其后，经过较长一段时间，日本方面的“不白之冤”总算被洗清[①]。当时，担任上海市常务副市长、后来历任中央经济营运要职的陈锦华先生，在 2007 年出版的《国事忆述》（日中经济协会，2007 年）中，

---

① 陈锦华在《国事忆述》中，记载说：“社会各界对于 1978 年导入的大型计划呈现出各式各样的疑义，其中，最为突出、成为众矢之的的，正是宝山。”然而在日译版（日中经济协会，2007 年）中，对于这个宝山事件，首次以归纳的方式介绍其全貌。如同本文所提及一般，叙述了日方如何以诚意为他们推动这个计划，并对稻山先生表示深厚的信赖与尊敬。宝山合作计划也终于起死回生。

叙述日本方面是如何带着诚意进行此一计划案，也向稻山先生表达深深的信赖和敬意。现在，在占世界粗钢生产量几近一半的中国，宝山钢铁厂是其最强的钢铁公司。

对中经济协助所派遣出来的日本专家，也秉持诚意认真地从事技术的转让。其人数，即使仅一个国际协力机构（JICA），总数就达到 9600 名。十余年前我曾经视察湖北省的日中技术协助计划案。在那里的中方负责人说："日本专家，原本可以在退休之后悠闲地在家含饴弄孙，却特地来到湖北，为中国而尽力，甚至还有人死在这里。到机场为因任务结束而回归祖国的专家们送行时，很多人感谢之意不禁涌上心头。"

当我担任驻缅甸大使的时候，情况也相同。即使在环境非常恶劣的现场，每一位专家仍然真诚地、拼命地努力，我对此种态度深感钦佩。这不仅是技术转让而已，也有心灵的交流。

来自中国的研修生，仅仅 JICA 就接受了总数约 23000 人。就像今天，在中国很多人几乎没有什么机会可以频繁地到海外去，但研修生们为了学习现代化所必需的技术，则纷纷前去日本。对许多人来说，这是第一次的海外经验。其中压倒性的多数人抱着正面的对日印象回国。

日本的对中 ODA，扩充了中国的基础建设，培养出足以获得外汇的产业，传授经济改革所必需的专门知识与产业技术。主要是，透过人与人的交流，加深他们对日本和日本人的了解。

日本的对中 ODA，是日本政府达成其基本政策——中国坚持改革开放政策，从世界秩序的挑战者变成支持者的重要手段，而且基本上这个政策是成功的。

执着于感谢的日本与执着于道歉的中国

过去有一阵子，日本方面生气地说：“中国对日本的援助连个感谢也没有。”中国方面也生气地说：“都放弃赔偿了，还要感谢什么？”

的确，中国政府在1972年的联合声明中，清楚地放弃了日本对中国战争的赔偿。中国领导阶层考虑了许多因素后，决定把它当做国策。

首先，他们建立起以下的理论：对中侵略的责任由日本的军国主义者承担，一般的国民非但没有责任，而且和中国人民一样，都是受害者；而后重新与日本建立关系。这项理论，是为了在许多对日本和日本人拥有恨意的中国人之中，推展与日本的关系而发展出来的。

在前面出现过的《纪录与考证》之中，当时以中国课长身份深入参与日中邦交正常化的桥本恕先生说，中国从过去保留赔偿请求权之立场转变为放弃的立场，同时也介绍了周恩来的发言：“所谓赔偿，结果落得不是由为政者而是由人民支付。让今后有意改善彼此关系的日本人民背负这样的痛苦，我于心不忍。”

然而，对日本侵略中国的直接受害者而言，是无法说出“是，明白了”这句话的。他们的受害与痛楚，并不是军国主义者，而是普通的士兵，也就是普通的日本人下手和给予的东西。

毛泽东、周恩来在世的时候，或许还可以压住阵脚，一旦他们去世，对于政府放弃赔偿的决定，国民的不满便逐渐升高了。甚至到现在，这种情绪仍然存在，因此，对于日本的援助，完全无法率直地表示感谢。可是，日本人执着于“感谢”。

长期居住在日本的法政大学教授王敏，论及执着于感谢的日本人和执着于道歉的中国人的文化差异（《日本与中国——相互误解的结构》，2008 年）。从彼此执着的地方不同也可以显现出相互了解的障碍之所在。

中国人最近变得好像可以客观地评价现今的日本协助，也可以率直地表达感谢之意的样子。我深深感觉到一种趋势，让人预感日本和中国进入一个新的时代。

2007 年 4 月，温家宝总理在日本国会发表演说时，说：“在中国的改革开放与现代化建设上，获得来自日本政府与人民的帮助与支持。这件事情，中国人民永难忘记。”

2008 年 5 月，胡锦涛主席在早稻田大学的演说中更详细地如是说道：

“在中国的现代化上，日本政府提供日元借款协助给中国，支持中国的经济基础建设、环境保护、能源开发、科学技术的发展，在促进中国现代化建设之上，扮演一个积极的角色。日本各界人士，以各种形式，对中国现代化建设提供温暖的支持。大量的日本人为了中日友好事业，注入心血，此事中国人民永远铭记在心。”

温家宝和胡锦涛的演说，是中国领导人正式地表明立场，在正确解读将新时代的新日中关系予以定位的“战略互惠关系”之时，这是具有重要的意义。顺便一提，这两次演说分别收录在由中共中央文献研究室出版的《十六大以来重要文献选编（下）》以及《十七大以来重要文献选编（上）》，并且将它们定位为党中央的重要文献。

长久以来，一个是受挫下的日本，一个是经济持续增长的中国。即使那是中国在富裕之后才表达的感谢，但毕竟承认了日本的诚意和努力，这一点希望能够率直地给予评价。同时，日本的这种对中政策，不仅帮助中国的发展，而且在促使中国告别古老的思考、参与国际社会方面也帮上了忙，有关这一点应该给予更高的评价。

五、日中的“历史问题”

对日本而言的历史问题

日中的“历史问题”，明显的是日中各自的国内问题。在日本，战后日本的历史经纬，在民众心中投下巨大的阴影。不幸的是，历史解释与认识的问题和意识形态乃至政治立场有着密不可分的关系。根据不同的政治立场，形成相异的“历史观”。

我个人认为，日本本身不能总结战前的日本历史，也不能建立广为国民共有的历史观，最大原因就出自日本这个国家与社会。如果说既没有议论的条件，也没有气氛，更没有时间，那就罢了，可是无论如何，还是应该先着手。

在这个意义上，2006 年出版的《检证——战争责任》（读卖新闻战争责任委员会），是由被视为公器的报社所做的第一次尝试，同时也对战争进行评价。虽然未必能同意所有的结论，但日本人应该自己总结自己的过去，而且必须从那里汲取教训。我想，不能从历史学习的民族，终究会灭亡的。

这个在国民层级内讨论不足的议论，很难将国民舆论收束在一起。结果在日本，国民对历史的重新认识仍会继续表现出和政府不同的见解。教科书中的记载、站在公家立场之人的发言、靖国神社参拜问题等等将会形成以下的构图，首先在日本国内会引发什么问题、有关这些是否会引起热烈讨论、对此事中国和韩国的反应又是如何，总之，“历史问题”乃是日本的“国内问题”。

还有更困难的是，这个“历史问题”被当做国家或国民的复权，或者自尊的回复，甚至当做国家的认同感来理解，因此，不是简简单单就能够妥协的。在日本，这一点是这个问题的最大难处。

对中国而言的历史问题

对中国来说，和日本相关的“历史问题”，也是“国内问题”。如同前述，中国人对日本人恨意甚深。1970 年在中国台湾研修汉语之时，我与平日对我非常亲切、出生于北京的汉语教师，有着难以忘怀的体验。

有一次在观看美国少年棒球比赛，我们的酒喝得相当多。这位先生突然说：“宫本，道歉！日本人对中国人做了残酷的事情，所以该道歉！”我回答说：“我对中国人没有做过任何一件坏事，家父也没参加战争。我既不是总理大臣，也不是外务大臣，所以不道歉！”几个钟头下来，彼此就围绕“道不道歉”争论不休，直到今天，这件事仍历历在目。

隔天，两人都觉得说得太过分，但心里没什么不快，很快便恢复了原先老师与学生的生活。然而这件事成为一个典型的体验，让我深切理解到，中国人，尤其对于那些在中国直接经历过日本侵略的人来说，日本人是多么不可原谅的存在。

1972 年 9 月，田中首相访华，实现了历史性的日中邦交正常化。他还参观万里长城。参观前，中国的对日关系工作者绕着沿道路两旁的村庄，到处向人解说道，对中国来说，田中访华是重大的事情，或者此后必须努力于日中友好。即使是毛泽东和周恩来等领导人所决定的事，像这样的公关工作还是必须去做的，由此可见国民阶层对日本人的情感有多么恶劣。

在前面出现过的《纪录与考证》之中，西园寺一晃先生透过与周恩来的对话阐明了从 20 世纪 50 年代开始，中国就已经把对日邦交正常化一事放在心中，而且在如何转变中国国民对日本的嫌恶与憎恨方面费尽了心血。因此，中国想出了二分论，将一部分的军国主义领导者和一般国民、士兵区分开来处理。同时，特别在地方上，实施干部总动员的国民教育。像田中首相参观万里长城，只不过是中国方面的工作其中一例而已。

导致日中关系恶化的要素，可以举出不少，然而在中国具有最大影响力的，我觉得还是历史问题。中国人对日本和日本人的好感一直提升不起来，是因为受到历史的影响。历史问题虽然也许会随着世代交替而有少许改善，但无须看前述美国南北战争的例子，人们也知道被害者的记忆是相当难以消除的。对这件事我们应该有充分的自觉。

中国因为实施爱国主义教育而强化了反日的情感。像这类的指责，在日本也曾发生过。可是在其根源处的，乃是也包含了传承自双亲和祖父母的东西，一种对日本的对中侵略时的原始体验之痛与恨，像这样的事情，我们日本人也是绝对不可忘掉的。以英语来说，就是家族故事（Family story）。

恳切地希望现在在中国工作的日本人，或者今后想在此工作的日本人，务必将此事铭刻于心。如果不理解中国的痛，那么与中国人交流会变得极端困难，而真正的交流，恐怕也不可能进行吧。

再者，在日本国内，因为有关国家发展的各界意见或舆论尚未整理，而引起各种声音，化为各种行动，若将这些流传到中国去，会更增强对日的不信任感。当思考新时代的新日中关系之时，有关对于这个历史问题的行动所具有多重大的意义，必须有个正确的认识。此事，不光只是和中国的关系，即使与广大的亚洲，进而与世界整体的关系都是相同的，因此，千万不能草草略过。

日中联合声明与历史问题

即使 1972 年的邦交正常化交涉时，虽然历史认识确实是个重要的问题，但双方都避免从正面去处理。对中方而言，台湾问题是最大的重点，而日方的重大问题，在于正常化交涉的成败左右了田中内阁的命运。后来大幅动摇日中关系的“有关领土的问题”及“历史问题”，双方也有意地不使之扩大。

然而在 1972 年 9 月 25 日的晚餐会上田中首相的“麻烦”发言，亦即“对于我国给中国人民莫大的麻烦，表示深切的反省之念”造成大问题。部分问题出在对中国话的翻译方法上，然而就“添麻烦”来说，这样的表现法太过于轻描淡写，因此整个会场骚动起来。

周恩来也说，这个说法招来中国人的反感，所以引起强烈的不满。此外，也有人表示担心日本军国主义的复活。不过，在日中联合声明的交涉里，这件事未成为主要议题，而是将田中的发言敲定为“日本方面，强烈感受到有关过去日本国透过战争带给中国人民重大损害的责任，并深切反省”。

在当时的日本，有关战争的性质，亦即对中战争是侵略与否，是个在政治上既敏感又微妙的问题。在中国，由于战争结束后只经过27年，历史问题也还是个活生生的敏感问题。

可以说是历史讽刺的，是那些日中同一代直接经历战争的人，比起那些没有经历战争的人，他们具有许多共同点，彼此互相理解，彼此表示敬意，并维持信赖关系。许多日本人觉得，对中战争是侵略战争，而怀抱着歉疚的心情。遇上那样的日本人，中方也打算原谅他们。我多次观察经历战争的那一代人之间的交流，每次都有那种实际的感受。

然而，那种对中国心存不满的日本人急速增加起来。同时，认为日本政府的应对“软弱”“对中国方面百依百顺”的人也不少。这样的情绪，我觉得在应付历史问题之时，更显得突出。

我本身虽然出生于战后，但我觉得，比我更老的这代人对中国确实抱着赎罪的心情。由于随着世代交替发展，不能理解旧一代的情感之人逐渐增多，所以才有人批判说，中国把历史问题当做外交牌来使用。

不过，我在现场感觉到的是，在中国感受不到把历史问题当做“外交牌”来使用的余裕。对中国而言，历史问题是内政问题，光凭外交上的得失，并无法满足国内的政治要求。在外交上，即使损失也必须做的，是对中国而言的历史问题之定位。[①] 中国始终透过历史问题所做的，就是不断重复同一模式——当日本方面发生了某事，中国必然针对此事做出应对。

在邦交正常化的时间点上，中方所处的状况是，仍然无法断定日本军国主义是否复活。因为到那时候，报纸还说着“打倒复活的日本军国主义”（1970 年 9 月 3 日《解放军报》联合社论、1971 年 9 月 18 日《人民日报》社论），所以若想把这个问题放在脑袋中做逻辑性的整理，并非易事。总之，在中国人的心中，“军国主义”的亡魂仍处于随时都可复活的状态下。

后来，当包括历史问题和《日美安全保障条约》在内的问题发生时，中国非常担心日本未来的走向。对中国共产党来说，如何处理日本军国主义的问题，被视为难以解决的问题而保留下来，同时它也变成一个使得意图操纵日中关系的领导阶层备感艰辛的难题。

教科书问题[②]

日中之间的“第一次教科书问题”，发生在 1982 年 6 月。对我而言，是

① 就历史问题来说，有战争期间的强制劳动和强制征召的问题，或者慰安妇的问题。有关这些问题，中国政府并未否定个人的申诉权。对日本而言，虽是挂心的行动，但中国将这个当做“外交牌”来使用，目前还没有打算。

② 这个问题在《处于歧路的日中关系》（家近亮子、松田康博、段瑞聪编著，晃洋书房，2007 年）第一部第三章里将要旨归纳得很好。

在最早的北京工作之时。当时中方的说法是，“日本文部省的教科书审定，歪曲了侵略中国的历史”（新华社）。由于日本教科书将“侵略中国”的叙述改为“扩张势力到中国”，所以引起中方的反弹，并要求改正此一叙述。

中方对于教科书审定的结果感到不满，而将它与日本军国主义的复活联结在一起进行批判。批判的内容，例如，“小心戒备军国主义的理论！”（1982年8月2日《解放军报》评论员之评论），“在日本的部分人之中，有人以让人忘记侵略的历史，让人走上军国主义道路为目标”（1982年8月15日《人民日报》社论）等。

在这个8月15日的《人民日报》社论之中，论断说：“日本的军国主义不是偶然的产物，是日本资本主义发展的必然结果。”因而导出“必须防范日本的军国主义复活”的结果，所以“历史不可忘记，何况更不容许歪曲事实”。“侵略”二字成了中方判断的关键词。

1982年8月26日，宫泽喜一官房长官发表谈话的意思是，对于在日中联合声明中所表明的历史认识，并没有改变；其精神在日本的学校教育和教科书中应该被尊重；就政府的责任而言，将会改正。9月9日，外交的问题总算解决了。然而日方非常小心以便避免使用“侵略”这个词，因为即使在日本，这个词也成为决定外交成败的关键词。

事实上，这个时候驻北京的日本大使馆，在准备铃木善幸首相预定从9月26日起的访华事宜。通常，准备时间至少也需要一个月。不过，和中国外交部的对接何时开始，就得看教科书问题在外交上解决与否了。到那时候为止，日方不知几次开口说：“就先行准备吧！”可是中方都只是冷冷地回答说：“政治问题若不能解决，就不能准备。”此事让人深切觉得，这个国家真是个政治之国呀！日方的准备期间只有两星期多一点，所幸借助能干的同事之力而突破了难关。

日中的“第二次教科书问题”起于 1986 年。对于文部省有意让“保卫日本国民会议”所编纂的高中日本史教科书成为合格教科书一事，中方表达强烈不满。因日本政府的推动，内容作了一部分修正，获得检定合格，但中方采取“有再检讨之必要”的态度。不过，中方后来并没有再做进一步的追究。

日本站在国家立场上，虽然深切反省了和战前有关的过去，但却仿佛不会再度犯同样错误似的，将战前予以全盘否定。可是在社会上，如果事情做过头了，对此事的反作用力（全盘否定是错误的，必须更正）一定会产生。即使在日本国内，历史问题也会变成这种社会现象之象征。

日本战后的教科书审查制度，从“反省”战前的国定教科书开始，而采取了国家不能直接决定的复杂结构。就是因为从过去的反省开始，所以特别制定一个政府不能直接指示并使之改写的结构。可是，由于中国政府认为“政治”可以决定一切，所以无法理解日本政府为何不能让教科书改变。因此增强了中国的猜疑心，认为难道不是因为日本政府没有那个心吗？事实上，政府的方针就是由教科书反映出来的，说什么政府不能参与，这难道不是逃避的借口吗？

不仅对日本，中国对外的猜疑心是相当强的。中国对外国和国际社会的不信任感根深蒂固，希望大家把此事再一次放在心上。

譬如，我曾经从一个中国朋友听说此事：中国认为，20 世纪 80 年代日本之所以强调环境问题，那是一个为了让中国经济发展迟缓下来的策略。当然，时至今日，虽然知道弄错了，但这是一个很好的材料，有助于了解中方是如何解释日本的发言的。

就在这时候，在教科书问题的周围发生了太多的事件。1985 年 8 月，发生中曾根首相的靖国参拜问题。胡耀邦总书记对在那个月访华的社会党田边诚书记长指出，1985 年是“中国人民抗日战争及反法西斯战争胜利 40 周年”，之后又说“日中恢复邦交以来，我们不谈历史”，同时强调历史是不能忘掉的。

1985 年的后半，为处理中曾根靖国参拜问题，我们忙得不可开交。在前面提到的抗日战争胜利 40 周年的庆典上，全国人民代表大会常务委员长彭真说：“在日本，尽管是少数，仍然存在着企图使军国主义复活的人。”这话显示出对日本的警戒感。有关历史问题，一如前面所提及的“空气”出现了。如此一来，纵使日本的说明是合理的，但也唯有中方能接受的，才会被听进去。因此，相互理解，变得越来越困难。事实上，教科书问题也可以当做这样的例子来体会。

“日中战争（侵华战争）”如何理解才好？

因为在日本国内的议论尚未整理出来，或者不同结论之间的调整还没完成，所以历史问题竟然变成凸显日本这个国家的暧昧与不透明的例子。其中的典型是，“对中战争是否为侵略”之议论。对中战争，在日本原本只被称为“事变”，甚至连“战争”都还称不上。

1993 年 8 月，细川护熙首相在施政方针演说中，首次使用了“过去我国的侵略行为”这样的说法。村山富士首相在 1994 年的施政方针演说中也沿袭同样的表现方式，接着 1995 年 8 月 15 日，在战后五十周年之日发表了村山谈话（卷末资料五）。

这个谈话虽是划时代的，却招来国内强烈的批判。其重点部分在于：“我国在过去不久的一段时间里，由于错误的国策，而走向战争之路，陷国民于存亡的危机之中，因为殖民地统治和侵略，带给许多国家，尤其亚洲诸国的人，莫大的损害与痛苦……在此重新表达痛切的反省之意，表明由衷的歉意。”

现在回顾起来，村山这个谈话，在安定日本与世界的关系，特别是与亚洲的关系上，扮演了非常重要的角色。此后历代的内阁也对国内外明确表示他们都继承村山谈话中的说法。现在它已经成为日本政府明确的正式见解。

在那个时候，日本有一部分人反对使用“侵略”的字眼，一部分人则犹豫不决。

1987 年 11 月，我担任宇野宗佑外务大臣的秘书官（竹下登内阁之时），那时在国会中宇野大臣曾经被质询道：“对中战争，是否为侵略战争？”我向外务省条约局请教，得到的回答是，过去的行为是侵略战争与否，与其说是国际法的议论，不如说是政治判断上的问题。我将此事原封不动地传达给宇野大臣。

在隔天的委员会上，宇野大臣答辩说：“基于军国主义的侵略。”在回程的车内，他对我说：“战争期间，不论在朝鲜，或者在‘满洲’，都有学生出战。日本做了恶事。毕竟那还是侵略。我小学的男同学有一半战死。无论如何也说不出口，他们是为侵略而死。因此，用了那样的讲法。”

然而对中国来说，是否使用“侵略”的字眼，非常重要，因为那正是基于包括领导人和一般国民的情感呀。

虽然在细川内阁时突破了这个问题，但日本是否真的反省呢？接着又连续发生引起中国方面猜疑的事件。就连村山谈话也无法不折不扣地为中国所接受，因为在日本到处可以听见与它不同的声音。

接着还有 1998 年 11 月江泽民主席访日时的“道歉”问题，2001 年 8 月小泉纯一郎首相参拜靖国神社问题。有关这些问题，将在下一章里详述。

第三章

建立新时代的新日中关系

一、新时代的来临

我们手中的好机会

到2010年为止，第二次世界大战已结束65年，而日中邦交正常化实现了38年。环绕日本与中国四周的环境，变化极大。世界变了，亚洲变了，还有日本和中国也持续不断地变化。

虽然主要演员方面有所出入，但经济的全球化更进一步发展。在世界上，“全球化”和“如同欧盟所代表的地区化”似乎同时发展着。因此，我们思考的重点在于认识这个国际经济的基本趋势，否则，任何的构想都将不具意义。

超越日本而成为世界第二经济大国的中国，其经济发展维持不坠，并且和其他的新兴经济体一样，对世界的发言权似乎都增强了。

日中贸易的投资关系，也急速扩大。日中贸易额，在2009年已达2300亿美元。对日本而言，中国是第一贸易伙伴国，而对中国来说，日本是第三贸易伙伴国。2009年400万日本人前往中国，100万中国人前往日本。人员的往来尤其增加，今后还会大为增加吧。

在这种巨大变化的时代里，重新构想日中关系是理所当然的。以下，再度回顾我在开头写的结论：

与中国构筑安定且可以预测的合作关系，是日本的国家利益。为此，谋求改善必要的属于国民阶层的关系，也是日本的国家利益。在最大限度上活用中国的经济空间，使日本企业得以发展，强化产业，描绘日本成长的策略，亦是日本的国家利益。一边累积与中国坚实的对话，谋求与诸国联系；一边完成与亚洲、更进一步与世界的和平与繁荣之合作的构图，亦是日本的国家利益。再者，冷静地看透中国对外膨胀的趋势和中国军队的动向，并做必要的准备，也是日本的国家利益。

如果在广大的背景中做一下理性思考的话，很明显这些都是日本的国家利益。可是，虽然有如此明确的国家利益，但日本与中国的关系依然在两国之间，尤其是在国民的情感问题上摇摇摆摆。

这个“国民情感”的问题，复杂又根深蒂固，还遍及历史问题、台湾问题、有关领土问题和海洋权益问题，直到安全保障问题。就日中关系而言，存在着竞争对方的关系，就像我常常向中国学生所说的比喻——“班上的第一名和第二名，难以成为好朋友”之类的关系。

纵使随着时代不同，优先秩序有所改变，但这些问题和要素却复杂地纠缠在一起，在日本，成为中国问题；在中国，变成日本问题。当这些成了国民舆论之时，政府事前准备好供人选择的答案便大大地受到限制。不仅日本，中国也一样，以五光十色的形式所表现出来的“国民舆论”，强有力地制约了当局的行动。日中的政治领导者，一有机会，总是提及改善“国民情感”的问题。这反映出自己是如何遭到绑手绑脚，以至于本来想做的事情都做不成了。

当然，我们所抱持的每个问题，任何一个都不是普通的问题。历史问题是如此，有关领土的问题也好，台湾问题也好，都可以立刻对国民意识产生莫大影响。至于安全保障问题，则是左右国家命运的深刻问题。不论哪一个都是和日中“三大问题”纠缠在一起，且诉诸民族情感的政治难题。

再者，毫无例外的，这些都是国民情感问题，亦即具有某种特质能够成为发扬民族主义之对象的东西。虽然它们不仅是个能够对国民舆论产生巨大影响的“内政问题”，而且是个“外交问题”，但是在外交上却是非常棘手的问题。

即使如此，我想，日中之间的最大课题是，不知道超越在各个问题背后的国民情感问题，以及彼此不知道该如何将对方定位才好。

克服这些的唯一方法，可以说是将日中关系放在更长期、更广阔的视野中，思考什么才是自己的国家利益吧。我确信，2006 年安倍晋三首相的访华是开花，2008 年胡锦涛主席的访日则是结果，而日中联合声明所记载的“战略互惠关系”，正是那个答案。

日中一致的意见，是划时代的，因此，我想叙述一下个人的见解：为何我们不应该错过这个机会。在此之前，不妨先再读一次发展到现在的过程。因为这样做的话，有助于更正确地了解为何我会坚信如此。

打鼹鼠外交——迄今的模式

如前一章所见，日中之间的问题，大体上多是“台湾”“历史”“包括领土在内”的问题，此外再加上“海洋权益”“海军的扩张势力问题”，而这些几乎就是日中问题的全部。因这些问题相互纠缠而制造出压倒性的社会“空气”。结果，对两国政府而言，变成了每天都必须竭尽全力去处理的当前案件。

当然，日中两国政府，都为了解决或缩小这些问题而努力不懈，譬如，建立解决的途径、谋求经济合作与经济关系的强化、重新提出政府见解、事态沉静化，以及返回日中关系安定发展的轨道上等。

虽然不是很好的比喻，但我将这个命名为“打鼹鼠式”外交。也就是说，拼命努力处理接二连三发生的问题和案件，可是，一年过去，两年过去，等注意一瞧，竟然又回到原点。

世界在变，日中在变，虽然居住的环境产生激变，却好像在同样的地方，维持同样的生活形态似的。由于解决每个问题，都引人注目，且受到国内舆论掣肘，所以在谋求具有广大视野的解决之道上，日中双方都没成功。就因为这样，日中问题变成一个很困难的问题。

然而只是悬着，并不能解决问题。应该开始努力好好整理这些问题，建立新的日中关系。事实上，为此事所做的摸索在相当早之前就已经开始了。

新关系的摸索

如果就负责日中关系的人来说，虽然一直有意建立符合时代变化的新日中关系，并为此而努力不懈，但是还未成功。

我担任中国课长的20世纪90年代初期，是个激烈变动的时代，因为在

1989年柏林围墙倒塌，苏联也进入解体的过程。在这样的情况下，由于有种论调认为，日中关系已不限于两国之间，应该放在世界广大的脉络中来思考，所以虽然在外务省内部早就已经使用过“世界之中的日中关系”这种表现方式，但却招来许多批评，说：“日中关系还不到那个阶段。”

不过，实际上“对世界的和平与繁荣做出贡献的日中关系”这种表现方式，出现在开启对中日元借款、大平首相在全国政协礼堂的演说（1980年）里。在演说中，大平首相强调，迈向21世纪时，日本与中国必须在所有领域中建立起良好又安定的关系，对亚洲乃至世界的和平与安定做出贡献。

可是，由我起草的1991年海部俊树首相访华演说，却仅止于“亚洲、太平洋的和平与安定，还有为了繁荣，日中两国有责任维持并发展友好合作关系”的说法而已。原因是受到中国政治环境的影响，而不得不缩小对象，从“世界”变成了“亚洲、太平洋”。同时在气氛上，也还不适合与中国这个在当时具有争议的国家，一起谈论整个世界的事情。

在中国的经济领域中，由于邓小平的“南巡讲话”，得以巩固迈向市场经济的改革大方针，并加速了WTO的加盟行动。然而在经济领域上越大胆地推进改革，在政治和思想的领域上却似乎越趋于保守。

20世纪90年代初，邓小平对形势的认识，后来变成中国共产党的方针：爱国主义教育的强化、对西方的“和平演变”之警戒心。所谓“和平演变”，是表达中方之认识的用语，意思是西方以和平手段（尤其是西方的意识形态与价值观渗透）企图颠覆中国共产党的领导。事实上，中国对此事的警戒心，至今仍牢不可破。

邓小平也非常了解，在苏联和东欧所发生的民主化行动会对中国产生巨大影响。邓小平称这个为“大气候”，同时认为在“大气候”之中会引起中国的国内事件。

1994 年，强化爱国主义的教育真正开始了，重点特别摆在中国共产党对中国做出什么贡献之上。

而且，中国共产党对祖国的贡献之一，是“抗日战争”，理所当然，日本再度以“坏人”登场。

虽说让日中关系站上世界的广阔舞台，但还有许多困难横梗在前。

江泽民主席访日

20 世纪 90 年代，在日本，高声主张新历史观的人逐渐增多。在日中双方相互影响下，历史问题的重要性也同时突显起来。1998 年江泽民主席以国宾的身份访日，就是在这样的环境中进行的。

在即将面临 21 世纪的这段期间，日中的关系者认真地期待能制定出领导 21 世纪日中关系的基本文件。对中国来说，在与日本交流的历史中，这也是自己国家的元首，亦即国家主席第一次访问日本。由于双方判断这是个绝佳机会，可以建立起展望 21 世纪的新日中关系，所以相当起劲。在北京大使馆的我，对他们努力的态度也相当感动。

当重读 1998 年 11 月江泽民主席访日时所发表的《关于建立致力于和平与发展的友好合作伙伴的联合宣言》时，就让我回忆起当时日中关系工作者的认真态度。

在联合宣言中，宣称：“双方认为，中日两国作为亚洲和世界有影响的国家，在维护和平、促进发展方面负有重要责任。双方将在国际政治、经济及全球性问题等领域加强协调与合作，为世界和平与发展及人类的进步事业做出积极贡献。”终于“世界之中的日中关系”这句话被写进重要的文件里了。

可是江泽民的访日，却与有关人员的努力和期待相违，因为在日本国内遭受严厉批判。中国的形象更进一步恶化。原因主要在于历史问题——“道歉”这个字眼是否写进联合宣言之中。小渊惠三首相断然拒绝说，即使在口头上可以道歉，但不能写进文件里面。另有一件事，江泽民在日本的时候，每次提起历史问题。尤其在天皇陛下主办之晚宴中的发言，由于晚宴是现场直播，所以伤害了许多日本人的情感。

中方执着于“道歉的字眼”的理由之一，和江泽民访日不久之前的韩国总统金大中访日有密切关系。在那时所发表的《日韩联合宣言——迎向21世纪的新日韩伙伴关系》之中，日方对过去的殖民地统治道了歉。① 中方的情感以及主张是，对韩国可以将道歉写进去，为什么对中国不能？

在《日韩联合宣言》中，记载着韩国方面对战后日本的生活方式所给

---

① 在《日韩联合宣言》中有“小渊首相回顾本世纪日韩两国关系，对于我国在过去的一个时期，因殖民地统治，带给韩国国民莫大的损害与痛苦此一事实，谦虚地接受，并表示痛切的反省和由衷的歉意”的记载。另一方面，《日中联合宣言》中有“日方表示，遵守1972年的《日中联合声明》和1995年8月15日内阁总理大臣的谈话，痛感由于过去对中国的侵略给中国人民带来巨大灾难和损害的责任，对此表示深刻反省”的记载。与《日韩联合宣言》唯一不同之处，就是没有“由衷的歉意”这个词。

的积极评价。[①] 但是，在《日中联合宣言》中，仅止于“中方希望日本汲取历史教训，坚持和平发展道路”的叙述，并未把对战后日本的积极评价写进去。在小渊首相的心中，对于此事有所执着吧。显然这是在政治主导下所做的决定。

顺便一提，我当时是北京大使馆的公使。我对某个中国有关人员说：“如果对战后日本做出积极的评价，我可以再试着请求东京将道歉写进联合宣言里面。”他立刻回答说：“不行。”这就是北京现场的状况。虽然后面还会叙述到，可是由此可见，在 2008 年的《日中联合宣言》当中，完成对战后日本的积极评价有多么重要。

持平而论，虽然中方在天皇陛下晚宴上所穿的中山装也遭受批评，但这是在日方要求下而穿着的。日方的要求是，在晚宴上“穿着礼服或者民族服装”。所谓礼服，是西洋的礼服，中方没有这种习惯。至于民族服装是什么，经讨论之后，决定为中山装。相当多的访日成员没有中山装，还特地去订制才来访日的。因此当遭受批评时，中方感到难以忍受。

在江泽民访日之际所发表的“联合宣言”，与 1972 年的联合声明、1978 年的和平友好条约等并列，被加入规定日中关系的政治文件中。这件事，日方也同意了。我将它当做卷末资料三附在书后面。不过，后来这个“联合宣言”很少在具体情况下被引用。

---

① 《日韩联合宣言》中写道：“金大中总统，对于在战后的日本和平宪法下，专司防卫和以非核三原则为首的安全保障政策，以及对世界经济与对发展中国家的经济支持，在国际社会的和平与繁荣之上，日本所扮演的角色，给予高度的评价。”

在此我要唤起注意的理由之一是，虽说文件完成了，但却不能就此安心，其后的追踪才是重要的。不过，再次持平而论，在此“联合宣言”里，对日本的经济合作表明谢意、主张彻底废弃核武器、要求停止核武器军备竞赛等，有不少彼此同意之点可资利用，我希望这份文件能够被多一点使用在实际的日中外交上。

小泉内阁与参拜靖国神社问题

2001 年 4 月成立的小泉内阁，一直延续到 2006 年的 9 月为止。这期间，日中关系因为小泉首相参拜靖国神社问题而动摇、恶化。连 1998 年的“联合宣言”所约定的首脑定期相互访问也没实施。虽然两国之间的首脑会议，利用国际会议之机，勉勉强强地持续着，但最后也没举行了。日中关系进入了冬季。

这件事情显示了，小泉首相的靖国神社参拜问题，是一个以往的日中关系处理模式无法应付的问题。当然，在历来的事例中没有被遗漏掉的靖国神社参拜问题，在它的周围也有许多的外交课题。

从 1998 年起，由于日方想根据日美防卫合作的新指导方针制定相关法案，所以中国产生强烈反弹。中方的批判，虽然一直持续到 1999 年 5 月法案成立时为止，但这是关系台湾问题的一种反应。期间，在 1998 年 12 月中方开始批判日美的导弹防卫联合研究。

1998 年、1999 年、2000 年，中国的海洋调查船与海军舰船行动活跃化，同时钓鱼岛问题也被牵扯在一起，致使日中关系风波不断。2001 年，“新历史教科书制作会”的历史教科书，招来中方的反感。同年 4 月，卸任公职的李登辉访问日本，为日中关系带来强烈的紧张感。结果，李登辉仍照常访日。

在这期间，8 月 13 日小泉首相参拜靖国神社。中国外交部发言人虽然表明强烈不满，但中方“留意”的却是有关为何不在 8 月 15 日，却在 13 日参拜这一点上。

其后，10 月 8 日，小泉首相当日往返以实际业务为由访问中国，并参观卢沟桥中国人民抗日战争纪念馆，在那里发表了有关历史认识之见解。10 月 19 日，出席亚太经济合作会议（APEC）领导人非正式会议，和江泽民主席会谈。11 月 5 日，和朱镕基同时出席举行于文莱的东南亚国家联盟（ASEAN）和中日韩领导人会议，以及第三次日中韩领导人非正式会晤。

日中之间，固然照样延续教科书问题等的纷争，但是 2002 年 4 月 12 日，小泉首相出席中国海南岛的博鳌亚洲论坛，和朱镕基总理会谈。两者同意设立部长级的“日中经济伙伴协议”，同时朱镕基总理邀请小泉首相于同年秋天访华。

至此乃是典型的日中外交模式。即使发生问题，也设法弥补前后矛盾，继续往前进。如此一来，原本的关系应该就可以恢复到某个程度，因为如果恶化过度，将违反双方的利益。

可是，小泉首相在与朱镕基总理会谈之后不过 9 天的 4 月 21 日，为了配合春季惯例的大祭，又第二次参拜靖国神社，于是日中外交仿佛驶进了没有海图的大海中。

由于我本身不可能详细知道这中间的来龙去脉，所以不知道实际情况，然而在博鳌论坛与朱镕基会面之际，非常有可能清楚地传达给中方，小泉首相并没有将参拜靖国神社的意图，所以朱镕基很不满意。在我到北京赴任后，好几次从中国朋友的口中听到这件事情。

就算是中国不喜欢的事情，也应该在事前直接让中国的领导人知道，因为这在经营和中国的关系上是必要的。例如，与达赖喇嘛的会谈，就德国的默克尔总理来说，对两国间的关系影响不大，但对法国萨科奇总统而言影响就大了。在北京的外交使节团之间，都见识到一件事：事前由首脑级直接传达给中方知道与否，结果是有所不同的。

后来，2002 年 4 月 23 日，中方通知防卫厅长官的访华与中国舰艇的访日全都延期。之后，5 月 8 日因朝鲜脱北者向驻沈阳日本总领事馆要求庇护，中国官员进入总领事馆内而引起日中问题。

其后，在日本和中国之间，企图改善关系的努力，以及挑拨离间的行动，显得错综复杂。这样的行动，乃以回归过去的互动模式为目标。中国方面也在最低限度下，借助多国之间的国际会议，继续进行中日领导人非正式会晤。①

---

① 2002 年 9 月 22 日，参加在哥本哈根举行的 ASEM 领导人非正式会晤的小泉首相和朱镕基总理进行会谈。10 月 27 日，出席在墨西哥举办的 APEC 领导人非正式会晤的小泉首相和江泽民主席之会谈，也得以实现。可是，11 月 4 日的 ASEAN 和中日韩领导人会议之际，并未进行日中两国领导人非正式会晤。领导人非正式会晤没有实现的原因是，11 月 8 日中国共产党第十六次全国代表大会召开，确定胡锦涛任主席，温家宝于翌年三月任总理。

二、胡锦涛体制的摸索

胡锦涛体制登场

2002 年 11 月，中国共产党第十六次全国代表大会召开，由胡锦涛担任中央委员会总书记。朱镕基总理也在 2003 年 3 月，根据全国人民代表大会的决定，把总理职位移交给温家宝。

日中关系走上新轨道的可能性出现在 2003 年 1 月，虽然小泉首相第三次到靖国神社举行参拜，但是在 5 月的圣彼得堡建都三百周年纪念的惯例活动上，与胡锦涛主席会谈，双方一致同意设置“新日中友好二十一世纪委员会”。这个委员会，在打开日中关系的建言献策上，做出了富于建设性的贡献。10 月，小泉出席在印度尼西亚举办的东盟和日中韩领导人会议之际，与温家宝总理进行第一次会谈，又在泰国召开的亚太经济合作会议领导人会议时，和胡锦涛主席举行两国之间的会谈。由于有关钓鱼岛的活动不平静，也有化学武器遗弃的问题，以及在福冈由中国人引起的杀人事件，所以日中关系照旧无法安定下来。

2004 年 1 月，小泉首相举行第四次靖国参拜。虽然中方对于小泉首相的靖国参拜，摆出更强烈的反对态度，可是胡锦涛、温家宝等领导人却在摸索如何改善与日本的关系。小泉首相 11 月于智利召开的亚太经济合作会议非正式领导人会议和胡锦涛主席，在老挝举行的东盟和日中韩领导人会议又和温家宝总理，分别进行会谈。温家宝明确要求中止靖国神社参拜。

围绕着日中关系，不变的还是钓鱼岛问题，而且在中国举办的亚洲杯足球比赛中，中国观众对待日本球队非常不客气，这使得日本人的对中国观念更为冷却。理所当然，双方谋求关系改善的行动仍持续不断。

接着迎来 2005 年，这也是个多事的一年。该年的 1 月，虽然小泉首相没去靖国参拜，但因日美有关台湾的军事合作问题，致使中国对日本的担忧明显地增强。

2004 年 12 月的《中国国防白皮书》显示，对于日本对外军事活动的增大、台湾的陈水扁是否企图“独立”、日美军事合作被强化等事情，有着强烈的警戒感。1995 年 2 月，日美两国政府一致同意其“共同的战略目标”——假设在台湾海峡两岸发生事端，故而强化日美同盟，中国对此事强力反弹。在观察 2005 年日中的动向上，不可将 1995 年日美一致同意漏看才是。

日方的攻势持续着。同年 2 月，因东海开发问题之对立激烈化，日本决定停止奥运会之后的对中日元借款，这些都是给予中方强烈刺激的事件。即使如此，3 月 14 日全国人民代表大会后的记者会上，温家宝总理并未直接论及靖国参拜问题，显现出对改善日中关系的积极性①。

---

① 温家宝发言的要旨如下：中日之间，以遵守《中日联合声明》《中日和平友好条约》《中日联合宣言》等三个政治文件为基础，在相当于抗日战争 60 周年的今年，以历史为鉴，放眼将来，坚持一个中国的原则，对于台湾问题，不允许有任何国家的干涉，加强合作，共同发展。并提出实现高层的互访，外交部着手研究强化中日友好关系的战略，适切对应处理过去所留下来的问题等三个建议。

2005年的反日示威

不过，由旅美中国人发起，反对日本进入联合国安全理事会担任常任理事国的联署活动波及中国，此一活动展现出空前的扩展速度。这正是网络社会的恐怖之处。

以这个问题为契机，在中国各地引起反日示威。2005 年 4 月 9 日在北京发生万人规模的反日示威，接着蔓延至上海、广州、武汉、沈阳。日本大使馆、大使官邸、上海总领事馆，因为遭投掷石头等而蒙受巨大损失。

这个反日示威，明显伤害了日本社会对中国和中国人的印象，甚至还是负面的印象。然而我 2006 年到任北京之后，我所遇到的北京市民，竟然完全不知有示威这回事。我感觉，这个事件远比我在东京时的想象还复杂得多。

首先，因 2001 年以来的小泉首相的靖国参拜，所以“历史问题”变成特写镜头。参拜一事伤害了包含一般中国人的全体中国人的情感。总之，中共中央和中国政府深刻地感受到，对一般中国人来说历史问题是个最敏感的问题。

其次，有关“台湾问题”的日美共同战略目标，强烈地刺激着中国，还有“有关领土的问题”亦如此。钓鱼岛问题，有时会浮现出来。总之，日中的“三大问题”处于三者齐聚的情势中。日本进入联合国安理会常任理事国的问题，在中国只是个契机，它有可能只是个排解不满的“排水口”。

持平而论，除了靖国参拜以外，小泉首相的对中政策，其实是宽大的。在 2002 年 4 月的博鳌论坛中，断言中国的发展不是威胁而是机会的，也是小泉首相。对于历史认识小泉首相也是宽大的，不但从不曾否定对中国的侵略，而且在2005年亚非高峰会议的演说中，对日本过去的殖民地统治和侵略，表明“痛切的反省和由衷的道歉之意”。这是日本第一次把对历史的认识向全世界发出讯息。小泉首相更在8月15日发表终战60年的内阁总理大臣谈话，他的历史认识的确是相当宽大的。

即便在中国，了解这件事情的人也绝不在少数。但是，事实上，如果靖国参拜已发展到这种程度，中方碍于面子问题，举起的拳头就不能放下来，不是吗?

再一次回顾当时中国的状况，站在中方的立场，试着运用中国式的思考方式看看。

中国的“日本问题”强烈地刺激中国国民的情感。其中集中表现在2005年的反日示威上。在网络上，转瞬间就演变成有如风暴的大反对运动，借着手机互相联络而造成北京的示威。在这种背景下，以靖国问题所代表的历史认识问题形成了双方舆论相互强力刺激的画面。

相对于此，这次对日本大使馆的示威相当出于自发性。由手机的相互联络便可明白。同时，政府部门并未加以禁止，这也可以说是默许吧。话虽如此，和1999年的示威还是不同，这次不是由政府部门起来组织的。

2005年的北京示威队伍，人数逐渐增加，在途中，与前往日本大使馆和大使官邸的团体分道扬镳。前往大使官邸一事，完全不在政府部门设想之内。北京市的负责人听到这个消息后，由于担心官邸的警备单薄，所以自己也前往官邸。虽然有此一说，但这个说法大体上是事实。

大使馆前只有三百人的警备队伍，而聚集的人却有数千名。这也是个错误的预测。因为不管示威队伍做什么，投掷石头或者焚烧日本国旗，这个警备队伍竟然一动也不动，所以此事在日本受到严厉的批判。然而我到北京上任之后，从警备专家处所听到的话，又有少许不同。专家的想法是："就压制示威队伍来说，必须要配置相同的或者多过他们数量的人员。当人数压倒性地少时，不要刺激示威队伍，而应将人力集中于防止闯入大使馆。因此，这个处置方法是对的。"原来问题出在只配备数百人的这一点上。

接着 4 月 16 日在上海发生反日示威，可是到后来才逐渐了解，原来它具有和北京示威完全不同的意义。首先，虽然上海市政府禁止示威，但人数超过北京的示威队伍，依旧被组织起来。接着发生破坏日本餐厅，包围日本总领事馆，进行投掷石头等的破坏行为。中国外交部在同一天发表谈话，严厉批判这些行为。

从此事以后，中国政府才认识到，如何借网络和报道来处理日本问题，是个直接关系中国社会安定的问题。对中国来说，有个画面已清楚地呈现出来，那就是反日行动直接影响了国内最重要的"安定"问题。我想，企图借着 2006 年 10 月安倍首相的访华而打开日中关系的背景之一，就在这一点上吧。

改善关系的努力

2005 年 4 月 23 日，趁着在印度尼西亚召开的亚非领导人会议之机，实现了小泉首相与胡锦涛主席的会谈。胡锦涛主席认为，应该让日中关系行走于健全又稳定的轨道上，为此提出"五点主张"。

五点主张是指，(1)严格遵守《中日联合声明》《中日和平友好条约》《中日联合宣言》；(2)希望日方严肃且慎重地处理历史问题；(3)要正确处理好台湾问题；(4)通过对话妥善处理中日之间的分歧，不可妨碍和影响中日友好大局；(5)进一步加强民间的友好往来，以增进相互了解，扩大共同利益，使中日关系健康稳定地向前发展。

当时，在日中之间的意见沟通上，能够被信赖的渠道逐渐枯竭。虽然不缺乏那些自荐或他荐、“自称”拥有重要管道的人物，但是他们可以正确反映双方领导人的意向到何种程度，则必须加上一个大问号。

因此，2005 年 5 月 13 日，日方外务省事务次官谷内正太郎和中方外交部常务副部长戴秉国之间，开始了“日中综合政策对话”，后来改称“日中战略对话”。当然，这是取得小泉首相和町村信孝外务大臣（后来由麻生太郎外务大臣取代）的许可而设置的。

戴秉国副部长已经是中共中央委员，也是对外联络部长、大臣级的外交官。他任职于外交部，同时也担任中央外事工作领导小组办公室主任，其所处的位置能够与胡锦涛主席、温家宝总理直接对话。任谁也不能否定，在打破日中关系的僵局上，这个日中战略对话扮演了极为重要的角色。

不过，举行第三次对话的 2005 年 10 月 17 日，小泉首相强行做了第五次的靖国参拜，导致原本预定的日中外相会议在不久之后便取消了，而 12 月中旬，在马来西亚举办的东盟和日中韩领导人会议没有举行，日中韩领导人会议也延期。

新华社评论道，2005 年是 1972 年的中日邦交正常化以来关系最坏的一年。

可是，事物通常都有两面。小泉首相的靖国参拜问题，将日中关系置于极为困难的局面里，却同时也成为契机，彼此就有关日中的历史问题及日中关系应如何定位、如何应对等问题进行了崭新而认真的讨论。例如，在日本，这段期间内关于靖国问题所出版的书籍，在其质与量方面，超过战后的任何一个时期。日本社会也认真地学习、思考过去的历史。

其中最亮眼的是《读卖新闻》策划的《战争责任》栏目。以此为基础而出版的书籍则是《检证——战争责任》。这是日本社会首次有组织地通过自己的手对战争进行总结。

最糟糕的日中关系，对经济也有极大的影响。从 2001 年到 2005 年的经济指标来看，例如，虽然贸易从 892 亿美元增加到 1894 亿美元，但若从现场的感觉来说，一般人认为假如没有政治的重担压着，数字还会跳得更高。也就是说，强化日中经济关系的现场气势是更强烈的。此外，在这期间，日本在接受大型项目计划的发包上也不成功。

毕竟中国是政治挂帅的，政治重重地压在经济之上。我自己就见过若干最后由政治决定的经济案件。在中国，将经济和政治切割开来是不可能的。

到中国任职不久，我与中国某个经济官员见面。他说道："希望早日解决政治问题。很想和日本进行项目计划，而且此后还有许多合作项目。"

同时，我也和相当多的领导，其中还包括地方领导见面。从很多人的口中听到"这五六年不便与日本往来，希望早点搞好和日本的政治关系。虽然和欧美企业有不少往来，但还是与日本来得容易些"。

虽然有人倾向于“啊，又打‘经济牌’作为动摇日本的战术呀！”这样的看法，但却不能说就只是那样而已，对中国来说，因为不想描绘出单靠欧美的构图，中国也希望日本的参与。最重要的是，中国对于日本企业和日本的技术，以及日方遵守约定的这些态度信赖感比较高。而且现任中国各级领导阶层，和日本之间拥有许多交流经验，这一点是欧美难望其项背的。此外，日中在生活习惯与文化方面有相近之处，同时在中国对日本感到亲近的人也不少。

因此，最坏的日中关系，在经济这个领域中也强迫日中双方做“新的思考”。

实际上，在中国，从更早之前就已经出现主张“对日新思考”的人。此事在东洋学园大学教授朱建荣的《胡锦涛对日战略之真心话》（2005 年）里有详细介绍。

2001 年，马立诚（当时是人民日报社的社论评论员）提出应把历史相对化这样的“对日新思考”而招来非议。后来在 2003 年，人民大学教授时殷弘和中国社会科学院日本研究所名誉教授冯昭奎，开始在这个阵营中发言。朱建荣先生在前书中将对日新思考总结为“应该与国际关系全盘，对美、对台湾政策有所关联地，决定对日外交政策，而不该光看着两国之间的诸种问题，特别是历史问题，而决定对日政策”。

部分原因是小泉首相继续参拜靖国神社，在中国国内遭受严厉批评，所以对日新思考无法成为主流想法。可是在中国，容许将这样的发言和意见发表出来，便足以证明领导阶层，至少有相当人数的领导层成员，对这个想法产生了共鸣。

日中双方，迎接新时代的心理准备，开始慢慢出现了。

三、通向战略互惠关系之道

2006年的日中关系

2006 年 4 月，我在小泉首相的任命下，以大使身份到北京就任。既然已是第三次来华工作，北京应该是个熟悉的地方，但面对这次职务的心情，老实说，是沉重的。因为日中关系极端紧张，而国民相互的情感进一步恶化。

2002 年，发生了一起因来自朝鲜的逃亡者，躲进坐落在辽宁省沈阳市的日本总领事馆内，中国官员进入领事馆内的事件；2003 年，SARS（严重急性呼吸系统综合征）流行；2004 年，发生因亚洲杯足球赛的纠纷和上海总领事馆的电讯官自杀事件；2005 年，终于在中国各地发生反日示威。这次示威的录像画面，在日本一直重复播放。这个反日示威，也曾朝向我预定入住的大使官邸蜂拥而来，扔石头等造成该建筑物相当严重的损害。如此恶化的日中关系，要如何做才能改善呢？我在完全无法预测之中，便上任去了。

然而，身为使用国民税金培养出来的外交官，我没有理由在日中关系陷入危机之时逃跑，唯有上任一途。而且在赴任之前，我受到谷内次官的讲话激励而勇气倍增。他说：

“外务省的同事们，因为日本外交现在进入死胡同，看不到将来而垂头丧气。但是我不认为会一直如此。现在好比是在黑白棋游戏中，如果一子的颜色改变，全部棋子也许都跟着改变。我想，那一子就是中国。我们已决定倾全力改善对中国关系，希望你在中国努力。”

的确，当时日本的对中政策，完全进入死胡同。以前，每当发生问题，便努力解决，经过一段时间，会收到某个程度的效果，甚至直到下个问题发生之前，都可以持续着健康的状态，然而此种日中关系的基本模式，此时已不适用。总之，日中之间存在许多问题，而且它们直接联系到国家主权及情感问题。因此，思考一个让双方国民在某个程度上都能接受，同时能缓和对立的方法，最后将它在领导人会议上提出，由双方达成协议，然后再往下一步前进。不过这样的提议，并没有被采纳。

在这个程度上，日中关系处于最坏的状态中，同时不论亚洲、不论世界，真的都担心日中关系会有恶化的结果。

可是，为了改善关系所需的条件，也才刚刚开始准备而已。

有如前述，首先日中双方在摸索新关系的行动逐渐增强，认为应该开始新关系的人数也增加起来。虽然对对方的好感没什么提高，但认识到与对方的国家关系很重要的国民，在双方都达到七成乃至八成。还有一种想法，人数也在增加中，他们认为，不论个别案件再怎么重要，但是不应将其与日中关系完全关联起来。

其次，中国的经济地位在世界经济中起了变化，因此，在日本经济界、产业界，中国的定位也开始显现出明显的变化。中国在 2000 年约 10 万亿元

（1.2 万亿美元）的名义 GDP，2006 年变成 21.6 万亿元（2.7 万亿美元），2009 年达到 34.05 万亿元（5 万亿美元），终于和日本并驾齐驱。在 2006 年的时间点上，日本大企业约一半积极地往中国发展，剩下的一半，则处于观望的状态（我去职的 2010 年，几乎所有大企业都把往中国发展作为既定路线）。

再者，日中的地方交流，毋宁说也被强化了。合计 240 个友好姊妹县、姊妹市的交流，在底部支持着日中关系。这个数目，不仅在日本，而且在中国的对外交流之中，也占了压倒性的数量。在长时间里，稳健且不断的持续交流，建立起两地的友情和信赖感。我实际感受到，地方人士的相互交流确实是日中关系的重要基础。

中国的对日政策也进入死胡同

在面对困难的日中关系时，中国发出了好几次以改善对日关系为目标的讯息。特别是胡锦涛时期，此事变得更为清晰。继 2005 年 4 月的小泉与胡锦涛会谈的讯息之后，2006 年 3 月，胡锦涛主席和桥本龙太郎前首相所率领的日中友好七团体代表团会面发出了积极的讯息，意图重新改善对日关系。[①] 这个会谈包含了许多要素，并且成为后来建构日中关系的基础。当

---

① 根据《人民日报》报道，2006 年 3 月 31 日，胡锦涛谈话的要旨如下：事实证明中日和则两利，斗则俱损。发展中日两国的睦邻友好合作关系，符合两国人民的根本利益，也为亚洲及世界的和平、稳定与发展做出了重要贡献。中国政府一贯重视中日关系，同时也认为，中日关系是当今世界重要的双边关系之一，并为改善与发展两国关系做出不懈的努力。中国政府遵守《中日联合声明》等三个政治文件的原则，依照沿袭“以历史为鉴，放眼未来”之精神的平等协议，妥善处理中日两国之间的问题，守护着中日友好的大局。日本领导人，如果决定不再参拜供奉有甲级战犯的靖国神社，愿就改善与发展中日关系与日本领导人进行会晤和对话。

时，我正在准备前往北京上任，凭长年工作的直觉而领会出这是改善对日关系积极的讯息。

可是在日本的报道中，由于只特别注重“日本领导，如果不去参拜供奉有甲级战犯的靖国神社，我们愿就改善与发展中日关系与日本领导人进行会晤和对话”这一部分，故而产生出中国领导人要求日本首相不可参拜靖国神社这类的主张。然而中方的意图，乃在于谋求对日关系的改善与发展，并强调两国睦邻友好合作关系的发展，是双方的根本利益，是世界和平、稳定、发展上不可或缺的，可惜这个积极的讯息最后并没有传达到日本国民的耳里。

报道方面完全没有打算说，中国带着善意试图改善对日关系。事实上，当时中国也有必要打开局面，因为对中国来说，将日本问题极小化是个吃紧的课题。

第一，有如在反日示威之处所叙述的，“日本问题”是个直接关联中国安定的问题，所以，在可能的范围内缩小它，有助于中国社会的安定。对今日的中国而言，“安定”与“发展”或者“增长”是比任何事情都重要的国策之两轮。有安定才有可能发展，反之亦然。有这两个轮子，才可能保证中国的将来。另一方面，日本问题正好被定位成某个直接关联到中国社会安定的问题。

第二，在伴随经济发展及军事实力增强进而导致中国大国化之背景下，一旦日中关系的恶化，会把日本急速推向美国，而且进一步加速了日美间的军事合作。尤其，日美有关台湾问题的军事合作之强化，就中国而言，是个无论如何都必须阻止的事态。任何程度的台湾问题，对中国来说，乃是重大的国内问题。尽管如此，中国并不期待日美关系恶化，因为如果日美关系恶化，会使得环绕中国的国际环境恶化，甚至损及自身的安定。可是在不利于中国的状况下，日美关系却有所进展，这是更令中国困扰的。

第三，中国令人惊异的经济增长，迫使中国付出与此成正比的悬殊代价。其中之一是环境问题，换句话说，也就是能源与资源的浪费。中国的环境破坏正急速发展。中国国民也认识到，环境破坏将威胁自己的生活和安全。这是信息化社会的进展所带来的结果之一。在中国，环境问题既是经济问题，同时也变成了深刻的社会问题。

世界的能源和资源是有限的，中国经济增长，导致绝对的消费量上升。能源和资源的不足，加上国内的水资源不足，将会成为中国经济增长的新瓶颈。对中国来说，环境保护与节约能源、节省资源的问题，也成为了维持安定与发展所无法避免的问题。在此，中国发现了一件事：由于日本拥有世界最先进技术及经验，若能改善和它的关系，对中国有极大的好处。

第四，如果日中对立，中国的亚洲外交也将无法动弹。对日本如此，对中国也一样。对于不愿意遭受中国和日本控制的亚洲诸国来说，被迫在日本或中国之间选边站，会是非常困扰的，因为日中维持平衡，正是它们本身的利益。

无论如何，日中关系如果维持现状，很明显将损害中国的国家利益。如同 2006 年 3 月胡锦涛主席所言：“和则两利，斗则俱损。”总之，日中合作的话，带给双方利益，互斗则带来损失。对于邻国的大国们来说，除和睦以外没有其他的道路。中国也期盼着改善与日本的关系。

第四章

何谓战略互惠关系

一、新日中关系的实现

破冰之旅

2006 年 10 月，安倍晋三首相的访问中国计划实现了。原本想，总有什么地方可以改善日中关系，岂料竟如此之快，日本首相访华便实现了。拜此之赐，我的“严冬时期”只维持半年就结束了。小泉首相在 8 月 15 日做最后一次靖国参拜时，我被李肇星外长叫去，这是我直接承受的、最初也是最后的严重抗议。

接受严重抗议的那天，我真的非常紧张。负责媒体的井出敬二公使，对我强力建议说：“大使，在摄像机前，不可有低头的情景。”因为当被抱怨之时低下头来，似乎是不佳的。然而无论如何，我就座之时头就是会低下来。为此，在会面之前，做了就座时不低头的练习。这一部分我做得不错。关于中方的抗议，李肇星部长其实也只事务性地轻描淡写一番，因而减轻了我不少心理负担。

安倍访华，实际上是从 1999 年 7 月小渊惠三首相访华以来，隔七年之久日本首相的正式访问。迎接安倍首相的那些住在北京的日本人，对许久不曾飘扬在天安门前的日本国旗，感动莫大，喜不自禁。那是一次大家期待甚殷的中国访问。对我而言，能对此做出一部分贡献，是我驻留北京时期印象最深刻的事件之一。

这次“破冰之旅”，是在日中彼此拉不下脸面又走投无路之下，由有关部门殚精竭虑做出政治决断，才得以成就的、卓越又成功的事例。直到安倍访华为止，在双方政治领导者的明确意图之下，当时的谷内外交次官和戴秉国外交常务副部长，在“日中战略对话”的架构中进行实质交涉。参与此事者，日方有亚洲、大洋洲局长佐佐江贤一郎、中国蒙古课长秋叶刚男，中方则有驻日大使王毅、日本处长熊波的支援。

谷内、戴秉国两先生彼此尊敬、信赖对方，这一点也很重要，事实上，具有极大意义的是，两人都获得双方政治领导者的深厚信赖。最后，双方的“政治”发挥了作用，做了充分的决断。这可以说是，因为站在交涉第一线的外交官和在后面控制的“政治”彼此有效契合，才能够克服如此微妙又困难的课题。

安倍访华之前不久，为了做最后的调整，戴秉国先生访日。即使现在回想起来，这是个成为“钥匙”的重要事件。通常在这种为工作而出差的状况下，我是不必送对方到机场的，但因为戴先生抱持的是非常重大又令人心情沉重的任务，结果我还是去了。在机场，我由衷地鼓励并告诉他说：“如果这个任务成功，我为你立个铜像。”虽然那是我当时心情的率直表现，但后来戴先生说：“还没立铜像吗？”我感到很困窘。

凡与此事有直接关联的人，双方都以很大的决心从事交涉，并做出重大的决断。这些决断，则是基于中长期的广阔视野的国家利益之故，反复考虑应该完成什么事之后才做出来的。有关此事请务必记载于历史之上。

安倍访华之际所发表的联合声明，内容包括决定此后日中关系的重要路线。此时，才出现所谓“基于战略性共同利益的互惠关系”的字眼。后来，如同被称为“战略互惠关系”，亦即显示日中关系的关键词登场，实际上，这个说法是由日方先提出来的。

同时，把中方所提的日中关系之基本认识（和平共存、世代友好、互惠合作、共同发展）定位成双方应该达成的目标，而且构筑战略互惠关系作为达成该目标的手段。

2007 年 4 月，有温家宝总理的“融冰之旅”，同年 12 月有福田康夫首相的“迎春之旅”，接着是 2008 年 5 月胡锦涛主席的“暖春之旅”。

这些互访，都让人涌出许多回忆，如温家宝总理在代代木公园的慢跑和打太极拳，在立命馆大学的棒球场，在京都的农家访问。福田首相在北京大学演讲之后那绝妙的问题回答和孔子故乡曲阜的访问。胡锦涛主席在早稻田大学与福原爱的乒乓球比赛以及对松下总公司的访问（邓小平和松下幸之助也在此第一次见面）。

不仅在会谈的地方，在所有的地方，领导人都充满着责任感。看他们认真致力于每一件事的模样，令人深深感动，同时由衷发出敬意。

胡锦涛主席访日之际，日中两国政府发表《日中关于全面推进战略互惠关系的联合声明》（卷末资料四）。

在这份联合声明里，有福田首相和胡锦涛主席签字。我想，这份联合声明是极为重要的文件，它显示了往后反映新时代日中关系的路线。我认为，日中战略互惠关系真正体现了新时代的新日中关系。

为何是战略互惠关系？

在若干点上，日中战略互惠关系也一面沿袭历来的构想，一面又超越它们。因此，我认为它重要，而且还象征了新时代的新日中关系。

日中战略互惠关系所处的世界，乃是信息化社会进展着，经济的全球化进行着，以全球为规模的相互依存度逐渐升高，而且这个趋势只有增强而无弱化模样的世界。这个对世界的认识很是重要，如果没有这种认识，就不能超越历来传统的日中关系，而再度返回泥沼之中。

再者，以经济的合理性为背景，这个对世界的认识，在某个意义上是单纯明快的。那种重视经济，重视成长和发展，也就是一个把经济作为经线的世界观，也表明了对经济关系拉着日中关系往前进的认识。反过来也可以说，它抱着两个难题：如何整合经济的合理性和军事安全保障上的逻辑，以及如何调和经济的合理性与国民情感这样的感情世界。有关这两个问题，此后会一再论及的。

在这个新世界中，日中两国以世界大国的身份并存，这还是历史上的第一次。虽然日中拥有必要的力量足以营运整个世界，也能够创造出和平安定发展的世界，但同时必须承担符合此事的“严肃责任”，也必须双方彼此合作。这一点是日中战略互惠关系上的共同认识。

若无此自觉，便无法产生强烈动机以超越历来的日中关系。总之，凭借超越日中之间的框架与限制，飞跃于世界，才可获得新的活动空间。然而要注意的是，即使这么说，也不得不再次接受那些来自军事与安全保障观点及国民情感观点的挑战。

因此，既然有那样的共同认识，自然而然双方表明“为了长期的和平及友好，彼此合作是日中两国的唯一选择”此一共同立场。正是所谓“和则两利，斗则俱损”。由此可见，两国真的有克服安全保障问题和国民情感问题的决心。

然而对我们而言，这两个问题仍是巨大挑战的事实并未改变。如何克服，是我们这代人必须提出解答，并予以实现的重大课题。

之所以表明这样的共同立场，是一方面站在共同的认识上，当然也一方面基于身为国家的立场冷静又彻底计算而完成的。世界的现实是，所有国家把追求各自利益的任务加诸外交之上，日中也不例外。当然，国家利益必须是立足于广阔及长期的视野上的利益。如果用我喜欢的字眼来说，则是“被启发的国家利益”。而这个结果，就是战略互惠关系的构筑。

不妨再次确认一下日方的结论：

与中国构筑安定且可预测的合作关系，是日本的国家利益。为此，谋求改善必要的、属于国民层级的关系，也是日本的国家利益。在最大限度上活用中国的经济空间，使日本企业得以发展，强化产业，描绘日本成长的策略，亦是日本的国家利益。一边累积与中国坚实的对话，谋求与关系诸国联系，一边完成亚洲，更进一步完成世界和平与繁荣之合作的构图，亦是日本国家的利益。再者，冷静地看待中国对外发展的趋势和中国军队的动静，并做必要的准备，也是日本的国家利益。

想先强调的是，欲“构筑划时代的新日中关系，必须在中方完成对日侵华历史认识的整理后，才有可能”。对中国而言，有个非常重大的主题是，军国主义会在日本复活吗？这是一个连在中国内部也仍是意见分歧、微妙又敏感的问题，即使到今天依然还很微妙。正因为没有做盛大宣传，所以当中国做出“只要日本继续走在和平国家的路上，日本军国主义就不会复活”的结论时，意义就变得非常大了。总而言之，中国完成了“日本承诺道歉与反省”加“同意作为战后日本的和平国家之生活方式”等于“在日本军国主义不会复活”这样的方程式。

正因为如此，在世界的大舞台上，不但能与日本合作，而且有可能将日中关系往新的高层次推动。

其结果，可以把遭到各种障碍捆绑的日中关系，移往世界的广大舞台之上。实现这个“世界之中的日中关系”的政策课题，乃是日中两国政府长期追求却一时无法达成的、有困难的课题。世界、日中以各自巨大的时代变化为背景，终于把日中关系从充满障碍又狭隘的两国关系之中解放出来，置于广大的地球视野之内。此事意味着，日中合作后的活动空间将无限扩展。日中也终于能够从“打鼹鼠式外交”转变为“主动出击的外交”。

由于“战略互惠关系”的新政治框架登场，为日中关系带来巨大的可能性。可是日中关系的性质，其实非常脆弱。至于新日中关系是否能成为实际的东西，这个稀有的机会是否能够被掌握，都与我们当代人的行动有关。

支持战略互惠关系的基础

为了建立新日中关系，最重要的是不可缺少日中之间政治性的相互信赖。在第二次联合声明中，虽然约定了首脑的定期相互访问，但只是形式上的担保而已。从事日中关系的工作所深切感受的是，政治领导者彼此之间的信赖关系有多重要。若有信赖关系，许多问题的解决就变得容易了。而且在强化领导者之间的信赖关系方面，外交部门能够做的事其实也不少。

例如，中国在巩固一个方针的时候，按理想改变它是不容易的。因为中国在巩固最后方针之前，都要经过高质量的对话，以了解日本的立场和想法。一旦做出错误的决定，一切就太迟了。

在美国经常听到的是，律师不论站在哪一个立场，都能做出充分的辩论。不论自己认为多正确，对方也会拥有着能够为自己辩护的理论。这就是理论的世界。在我们的司法结构中，有法官和陪审员这样的第三者存在，即使检方和辩方的理论相冲突，在听了双方意见之后，也还能以“判决”的形式来解决。

可是，在外交上并没有为我们做裁判的第三者。倘若为了将自己的意思百分之百强加在他国身上，则唯有仗势军事力量，但如果不这样做，就只有妥协一途。总之，那是一个能拿到越多就越好的问题，只不过在外交上，即使能拿到一半，也算平手。如果能多拿一个百分点，就算赢了。

在说服对方时，唯一的方法是，采用在对方的国内也行得通的逻辑，诚恳地把“接近我们立场的东西，设法说成是为了对方”之类的手法。当然，将交涉对方在其国内所处的立场，做一事先的了解是比较好的。如果做到这一点再加上首脑之间的信赖关系，那么照顾到对方国首脑之立场的可能性也会提高。在日中关系上，这种事情也适用。首脑之间的信赖关系，一定可以强化两国之间的信赖关系。

而且到了国民外交的时代，国民之间的相互了解及友好情感的增进，也变成不可欠缺的事情。不过，首脑外交也逐渐变得容易受到国民情感的影响，这也是社会变化所造成的结果。事实上，日中的国民情感依然脆弱。2009 年，日本 NPO 法人的“言论 NPO”和中国日报社共同举办了日中联合舆论调查，结果是“不论从那边说，都不好”。根据调查，日方 72.7%、中方 65.2% 的人，对对方有着坏印象。虽然在中国，对日印象一点一点地好转，但在日本反而变坏（在 2010 年的同样调查中，日本几乎不变，中国下降至 55.9%）。

然而，在日中关系上，这样的国民情感对外交产生影响的结构正逐步完成。日本自不待言，正如同几次强调的，在中国也以独特的方式形成“舆论”。中国的领导者即使无视这个“舆论”，但想违逆它也并不容易。

时代已进入不论自己认为再怎么正确的政策，倘若没有国民舆论的支持也难以实现的状态。因此，唯有一边与国民对话，一边完成被理解、被支持的外交政策之后再加以实施。

新日中关系也进入若不实现国民层级的相互理解与相互尊重，则无法使之长时间持续下去的时代了。

二、整理历史问题

历史问题的困难

站在紧盯世界、预测将来、建立两国关系这种理解上的“战略互惠关系”，光是打算还不够，如果没有相互信赖便无法构筑起来。可是，构筑这个相互信赖的问题，在日本和中国之间特别困难。

话说即使在世界各地，邻国关系发展良好的地方也不多见。如果有，宁可说属于例外。邻国之间，在民族或社会的记忆上彼此保留着复杂的情感。

尤其在日本和中国之间，活生生的历史记忆，仍然清晰地保留下来。如果想超越单纯的利害关系来构筑日中关系，则建立信赖关系就变得很重要，为此，互相了解便是不可或缺的。

因此，在联合声明中，特别做了“双方将不断增进相互理解和相互信任，扩大互利合作，使日中关系的发展方向与世界发展潮流相一致”的宣言。

化此事为可能的前提之一，而且是最重要的是，正确又理性地整理和日中之间的历史有关的诸问题，并将它们放在适当的位置上。在日中之间，这件事尤其重要。

在联合声明中，虽然只是略微提到：“双方决心正视历史、面向未来，不断开创‘日中战略互惠关系’新局面。”可是在形成这样的说法之前，中方进行了相当多的内部讨论。何以故？因为必须在中国内部做整理的问题，事实上不但很多，而且非常困难。

首先，有对日本军国主义的定位问题。军国主义也许会复活的想法横亘在前，所以更难以建立起彼此的信赖关系。其次，若不能解决日本是否真的对过去的历史做了反省，此一问题也行不通。果尚未反省，则信赖关系便无法建立。再者，如何评价战后日本的生活方式，也与这两个问题有着密切的关联。战后日本是否为和平国家，在决定日本这个国家的性格上具有重大的意义。

在这些点上，中国做出了决定，也就是说中国达成一个结论，一如已经论及的，克服日本军国主义复活论和对日本战后的生活方式给予评价，如此才有可能与日本建立起信赖关系。或者中国认为，至少也应该以此为目标而努力。

在这样的背景下，我想中国本身也发生了巨大的变化。

其一是，优先级的变化。近年来，中国共产党加强了青少年的爱国主义教育。把一直到建设新中国为止，特别是抗日战争中中国共产党所起到的重要的作用作为教育的重要内容之一，以巩固中国共产党的领导地位。理所当然，日本与日本人担任了恶人的角色。

然而，对中国社会而言，贫富差距的问题、不正当收益和腐败的问题、养老金与医疗教育等社会问题也非常重要。

因此，中国政府从坚持发展到底的政策，开始向缩小贫富差距、实现社会公正和安全的方向切换。首先，胡锦涛在 2003 年 10 月确定了“科学发展观”，也就是“将政治、社会、经济的运营回到以人为本位的立场”。

对中国共产党来说，重要的，不仅是历史问题，还有今日的课题。当然，这并不是说历史不重要，历史固然重要，只是相对的地位降低了。一旦历史的地位降低，能够活动的内政外交空间也就宽广起来。典型的例子，就是中国国民党的定位问题。

中国共产党和中国国民党之间的对立抗争，亦非有始无终的。在非常激烈的斗争过程中，虽然许多人不知道被哪一方的人所杀，而这个怨与恨却遗留了下来。

2005 年 4 月，连战访大陆，与胡锦涛总书记举行会谈。两党之间的关系，终于正常化。接着，在同年 9 月的胡锦涛讲话中，中国共产党首次提出在抗日战争中，中国国民党在正面战场发挥了重要作用。[①] 这个对历史的重新审视，是划时代之举，甚至连国民党也大加称赞。换言之，抗日是中国人民共同努力的成果。

因此，对中国来说，日本在历史问题上的重量，似乎能够一点一点地减轻。基于此事，重新审视和日本之关系的行动继续保持下来。

当然，日方也在 2008 年的联合声明里说道："中国自改革开放以来取得的发展给包括日本在内的国际社会带来了巨大机遇，日方对此表示积极的评价。中国愿为构建持久和平、共同繁荣的世界做出贡献，日方对此表示支持。"日本表明了看法，认为中国的发展是机会，"中国威胁论"是不成立的。

---

① 胡锦涛在 2005 年 9 月，中国人民抗日战争暨世界反法西斯战争胜利 60 周年大会的演讲中，说道："中国国民党和中国共产党领导的抗日军队，分别担负着正面战场和敌后战场的作战任务，形成了共同抗击日本侵略者的战略态势。以国民党军队为主体的正面战场，组织了一系列大仗，特别是全国抗战初期给日军以沉重打击。"（部分翻译略）

如此一来，揭开日中新时代有了可能。

那么，中国如何处理有关日本的历史问题，请仔细看下去。

中国对日本军国主义的认识

日中的历史问题，我个人认为，与中国如何定位日本的军国主义，以及是否相信其复活有关。当然对中国，有个情感问题是，日本明明侵略了，却不道歉，这是怎么回事？然而，最重要和本质的问题，我想是中国方面的判断，亦即如何认识战后的日本，同时根据这个认识来进行思考日本是否会再走上军国主义之路。

可是，“军国主义”这个字眼的意义，因国家而异。两个不同文化交流时的困难之一，就是法国人最喜欢的“定义”问题。中国的《现代汉语词典》，对“军国主义”做了如下的定义：“把国家完全置于军事控制之下，一切都为侵略和战争服务的思想和政策。对内实行法西斯军事独裁，扩军备战，向人民灌输侵略思想，强迫人民服兵役。对外掠夺，干涉别国内政，发动侵略战争。”

一听到“帝国主义国家”，就想起列宁的《帝国主义论》，然而现在的中国共产党在整理理论之时，有关列宁书籍的定位变得如何呢？由于我孤陋寡闻，不得而知。按照中国共产党的整理，“日本的侵略中国，是因一部分的‘日本军国主义者’而起，大多数的日本国民，和中国人民相同，都是受害者”。正因为如此，中国能够和日本国民建立友好关系，同时也能够发展出“放弃造成日本国民负担的赔偿”此一逻辑。

1972年的日中邦交正常化的交涉重点是，终结战争状态的问题，以及台湾的地位问题。历史认识的问题，固然绝非最重要的，但是这个问题并不轻松，后来它甚至变得让人觉得讨厌，因为直接诉诸国民情感最多的就是这个历史问题。

也因此，当1982年第一次教科书问题、1985年中曾根首相靖国神社参拜问题、1986年第二次教科书问题等发生时，有如呼应这些问题似的，对日本的历史认识，中国批判得越来越强烈，同时也敲响对军国主义复活的警钟。中国建造了南京大屠杀纪念馆（1985年）、卢沟桥抗日战争纪念馆（1987年）。1985年，北京大学学生约1000人在天安门广场举行反日示威，呼吁反对日本军国主义复活及经济侵略。

20世纪90年代之际的中国，由于需要日本的合作与支持，一时之间对日本的批判也变得不太浮出表面了。1991年，李鹏呼吁国民要警戒日本军国主义的复活。1992年，对于日本因为通过法律而派遣自卫队到海外，中国做出了敏感的反应，而且表明立场准许中日战争受害者向日本请求赔偿。进一步对于日本内阁阁员对历史问题的发言，中国也敏感地做出反应。

在日本，特别是苏联解体之后，在要求新国际秩序的行动中，“经济大国应该成为政治大国，应该进一步强化日美同盟关系”的活动也越来越多。此事招来中国的反作用，对此日方又持续发出强力反弹。在日本，对于中国的批判虽感不满，却一直忍耐下来，可是在世代交替和经济停滞的背景下，不满的情绪遂逐渐高涨起来。

1995年，中国方面宣称将大规模举行抗日战争胜利50周年纪念。中国外交部指出：“在日本国内，依然存在着热衷歪曲历史、企图把侵略正当化的势力。”中国共产党机关报《人民日报》，从6月20日起到26日为止，刊出抗日战争胜利50周年特辑。对此，日方在8月15日发表了《村山谈话》，那是日本政府本身最深刻的一项历史认识。

差不多同时，中国断断续续地进行地下核试爆，造成日本政府的强烈反感，于是日本停止了对中无偿资金协助。中国让空军军机接近钓鱼岛，并开始在东海以东进行探查作业。1996年，中国在台湾海峡发射导弹。日美推出新的《安全保障宣言》，强化彼此的合作。接着7月29日桥本首相“私人参拜”靖国神社。中国的对日警戒感越来越强，而相关报道也变成了批判性的。再加上日本在钓鱼岛装置灯塔问题，北京的学生再次开始行动起来。

1998年，江泽民主席以中国国家主席的身份首度正式访问日本。新日中关系的摸索行动，也因为在两国的正式文件中变成“把日本对侵略中国的道歉写进去”与“不写”之对立，同时由于激起日本国民“到底要道歉几次才够”的情绪而告终。

2001年，小泉首相正式参拜靖国神社，日中关系面临最寒冷的冬季。

有关历史问题，从这样的来龙去脉可得出一个模式，那就是除了20世纪90年代的某个时期以外，基本上一旦日本发生与历史有关的事件，中国方面必然对此做出反应。而且在此明显欠缺的是，中国对于日本军国主义复活问题所下的结论。如何看待日本的军国主义呢？中方也动摇、也感到迷惘。

平心而论，有关历史问题，在日本也有各式各样的言行。日本社会的“空气”影响日本政府的言行，使得中方的猜疑心变得越来越严重，这是不可否认的事实。另一方面则是，虽然基本上日本政府的立场没有动摇，但前述的微妙差异，煽起中方的不安而陷入以往的模式（一旦若干的事例一再重复，就进入某个形式之中，很难再见到除了这个以外的方式出现，是为模式）中。因为日本这个国家正好属于那种不擅长用言语表现自己，但清楚地做出自我主张的文化，所以如果从外面看来，不仅是中国，日本也是很难了解的国家。

话虽如此，在中国，固然无法认定日本军国主义复活，但不可否认更困难的一面在于历史问题的处理。

我个人的判断是，中国政府克服了这样的问题。当然，尽管如此，中国也不打算说：“今后，没问题了，什么也不会发生。”因为问题不是那么单纯，不过至少可以说在理论上克服了吧。

历史问题的克服

2006 年来北京就任后，我曾经和研究日本的中国人交谈过。那时我直接问：“各位真的认为日本军国主义复活吗？”许多人说，没有那种可能性。

在这个问题上，有个前奏曲，而且是相当重要的前奏曲。1998 年 8 月，江泽民主席在第九次使节会议上，做了如下的发言①：

---

① 参见江泽民《当前的国际形势和我们的外交工作》（《江泽民文选》第二卷日文版，外文出版社，2012 年第 1 版，第 224 页）。

“战后日本军国主义未得到彻底清算。在日本国内，满脑子军国主义思想的还有人在。对这个问题，我们必须警钟长鸣……对日本，台湾问题要谈深谈透，历史问题要始终强调，而且永远要谈。”

再者，1998 年 11 月，访日的江泽民主席，对小渊首相说了以下的话[①]：

“我们注意到日本政府近年来多次在历史问题上表明态度。一九九五年，村山富市首相代表日本政府首次公开承认了侵略并对受害国表示深刻反省和道歉。日本领导人也一再表示决不允许在日本复活军国主义，不走军事大国道路。我们对此是给予积极评价的。但是，我们难以理解的是，与此同时，日本国内仍然不断发出与此相悖的言论，而且都是出自负有责任的政治家和高级官员……恐怕是日本政府在引导国民尤其是教育后代正确了解和认识历史方面做得还不够，致使他们对过去那段不幸历史知之甚少。”

对此，2005 年 9 月，胡锦涛主席在抗日战争胜利 60 周年纪念大会上，说：“日本国内总有一些势力矢口否认日本发动侵略战争的性质和罪行，竭力美化军国主义战争，并为已经被历史钉在耻辱柱上的甲级战犯扬幡招魂，不仅违背了日本政府在历史问题上的承诺，而且背离了中日关系的政治基础（的三个政治文件）。”并且还说：“我们希望日本政府和领导人本

① 参见江泽民《发展中日关系必须处理 问题和台湾问题》(《江泽民文选》第二卷日文版，外文出版社，2012 年第 1 版，第 267-268 页)。

着对历史、对人民、对未来高度负责的态度，从维护中日友好、维护亚洲地区稳定和发展的大局出发，以严肃慎重的态度处理好历史问题，把对那场侵略战争表示的道歉和反省落实到行动上。”同时，他也提及在东京审判等一连串的审判中应该负起责任的人，接受适当的处罚，达成国际正义。还提及许多日本人正视战后历史，为了日中友好做了许多有益的贡献等事情。①

很明显，这和江泽民演说的调性不同。

---

① 胡锦涛2005年9月在抗日战争胜利60周年纪念大会上的演说如下：

“战争胜利后，纽伦堡国际军事法庭对纳粹德国战犯的审判，远东国际军法庭以及中国、苏联等国家的军事法庭对日本战犯的审判，使发动侵略战争、双手沾满各国人民鲜血的罪魁祸首受到应有的惩处，伸张了国际正义，维护了人类尊严，代表了全世界所有爱好和平与正义的人民的共同心愿。

策划和制造侵略战争的只是一小撮日本军国主义分子。战后，日本各界很多人敢于正视日本军国主义对外发动侵略的历史事实，强烈谴责日本侵略者的侵华暴行。不少当年参加侵略战争的日本军人真诚忏悔战争罪行，以实际行动推进日中友好，做了很多有益的工作。他们的良知和勇气应该得到高度赞赏。

长期以来，日本国内总有一些势力矢口否认日本发动侵略战争的性质和罪行，竭力美化军国主义战争，并为已经被历史钉在耻辱柱上的甲级战犯扬幡招魂。这些做法，不仅违背了日本政府在历史问题上的承诺，而且背离了中日关系的政治基础，严重伤害了中国和亚洲有关国家人民的感情。前事不忘，后事之师。我们强调牢记历史并不是要延续仇恨，而是要以史为鉴、面向未来。只有不忘过去、记取教训，才能避免历史悲剧重演。

我们希望日本政府和领导人本着对历史、对人民、对未来高度负责的态度，从维护中日友好、维护亚洲地区稳定和发展的大局出发，以严肃慎重的态度处理好历史问题，把对那场侵略战争表示的道歉和反省落实到行动上。”

接着2007年4月，温家宝总理在日本国会的演说[①]里如是说：

“中国政府和人民历来坚持向前看，一贯主张以史为鉴，面向未来，强调以史为鉴不是要延续仇恨，而是为了汲取历史教训，更好地开辟未来。中日邦交正常化以来，日本政府和日本领导人多次在历史问题上表明态度，公开承认侵略，并对受害国表示深刻反省和道歉。对此，中国政府和人民给予积极评价。我们衷心希望日方以实际行动体现有关表态和承诺。”

在瞬间实际感受到的是，这真的达成了日中历史问题上一个明确的突破。总之，意思是说，中方正式接受历来日方的反省与道歉，并给予积极的评价。既然历史问题做了这样的处理，不过，也不要忘记双方要一起开拓未来。

这看起来似乎沿袭1998年江泽民主席的基本路线，但演说的调性却大

---

① 在这个演说中，温家宝在历史问题上使用了冗长的篇幅。除本文引用部分以外，还有以下的叙述：

“为了友谊与合作，需要总结和记取不幸岁月的历史教训。众所周知，中日两国人民长达两千多年的友好交往，曾被近代50多年的那一段惨痛、不幸的历史所阻断。日本发动的侵华战争，使中国人民遭受了深重灾难，人员伤亡惨重，财产损失巨大，给中国人民心灵造成的创伤难以用语言来形容。那场战争也给日本人民带来了巨大苦难和创痛，对此上了年纪的人们至今记忆犹新。沉思历史，使我们更加深刻地体会到：中日和平友好，关乎两个国家的命运和人民的福祉。在一个国家、一个民族的历史发展进程中，无论是正面经验或是反面教训，都是宝贵财富。从自己的历史经验和教训中学习，会来得更直接、更深刻、更有效，这是一个民族具有深厚文化底蕴和对自己光明前途充满自信的表现。

中国老一辈领导人曾多次指出：那场侵略战争的责任，应该由极少数军国主义分子承担，广大日本人民也是战争受害者，中国人民要同日本人民友好相处。”

大不同。温总理与江泽民发言保持类似性是为了引人注意吗？很可惜，这件事在日本几乎无人报道。不过，就中方正式接受日本的谢罪，并开拓以未来为志向的日中关系而言，这个发言是非常重要的。甚至这场演说还对整个中国做实况转播。

温家宝总理在国会演说不久之后与经济团体聚餐时，说："演说结束后，我立刻打电话给母亲询问她的感想，她说那是场好演说。"连亲身经历日本侵略的母亲都说这样可以了。总而言之，他想传达给日中两国国民的概念是，那是一场连经历战争者也能接受的演说。

2008 年 5 月，胡锦涛主席虽然在早稻田大学发表演讲，但已经不再冗长地论及历史，只是简短地说：

"到了近代，由于日本军国主义对中国发动侵略战争，两国友好关系受到严重破坏。这段不幸历史，给中华民族造成深重灾难，也使日本人民深受其害。历史是最富哲理的教科书。我们强调牢记历史并不是要延续仇恨，而是要以史为鉴、面向未来，珍爱和平、维护和平，让中日两国人民世世代代友好下去，让各国人民永享太平。"

不论温家宝演说，或者胡锦涛演说，都收进中国共产党的重要文献里面。它们都是党的基本文献，也是基本方针。中方决定的方针是，只要日本不发生问题，中国方面也不会提出历史问题。我这样的判断，应该没有错吧。

此话一出，似乎立刻听到反论说："中国为什么要放掉'历史牌'呢？

所以太天真了。”理所当然，如果日本发生问题，中国就会反应，但这是基于中国国内的需要，而不得不做之故，并非为了去掉历史牌。其次，中国不打算否认由于日本援助中国，当中国经济发展落后时，为了取得和日本在心理上的平衡，而有故意提出历史问题的倾向；而且也不打算说，没有一些那样的人存在。不过，我无法感受到中方有那种程度的心理余裕。

从我自己的经验看来，所谓“外交牌”，我确信是当事者之间的心理作用。话虽如此，但如何去感觉却因人而异。敏感的人感觉强烈，钝感的人或许几乎没有感觉也说不定。最近，是国民外交的时代，也可以把它拿来和国民如何感觉的问题调换。

20 世纪 80 年代后半期，我在欧亚局苏联课工作，学习日本和苏联的历史。那时，获知苏联因为反对 1951 年的《日美安全保障条约》，而在北方四岛配备最新型的米格战斗机。的确，这样的军事行动，在欧洲很有效用。但是当时对安全保障问题钝感的日本舆论并没有产生任何影响，即使这个军事行动是苏联意图影响日本舆论所执行的工作之一环，却是个无效牌的典型例子。

外交牌也一样。如果对方什么感觉也没有，那张牌就无效。日中的历史问题，在日中双方世代交替进展的同时，作为牌的角色也逐渐消失。倒不如说甚至在日本还会产生反效果——中方越使用历史牌，国民的心离中国越远。

此事并不意味日本人忘却了历史，而是因为日本的新生代变得能够将历史和感情切离，能更客观地来看待它所造成的结果。

在中国，历史问题煽起年轻一代的民族主义情感，引起强烈的反应，在另一方面，却又变成影响国内安定的一种形式。因此在中国国内，历史问题也变得难以使用了。就“历史牌”论来说，对历史认识，中国领导者表明其立场，只是小技巧的东西而已，并没有论证的力量。

中方对日本战后的评价

关于中国克服日本军国主义复活论，以及对日本反省过去与道歉做出评价，是无法与如何分析、评价战后的日本这项作业切割的。因为在1998年未能完成，所以那是个非常重要的作业。在这个意义上，安倍首相于2006年10月访华时所发布的联合新闻公报自然是划时代的了。它被记载如下：

“日方对中国走和平发展道路和中国改革开放以来的发展给包括日本在内的国际社会带来巨大机遇给予积极评价。日方强调，日本战后60多年一直走作为和平国家的道路，今后将继续走作为和平国家的道路。中方对此表示积极评价。”

2008年5月的联合声明，是由此再踏出一步的声明。中国本身，首次使用“和平国家”这个用语，对战后日本的生活方式做出评价。[①] 不只如此，中国第一次对日本为世界的和平与安定所做的贡献给了高度评价。且看一看原文：

---

① 多少变得有点专门性质，在2006年的新闻发表中，日本方面称自己是“和平国家”。总之，并非中国说的。可是，在2008年的联合声明中，有“中国称日本为‘和平国家’”这样的大错误。

“日本战后 60 多年一直走作为和平国家的道路，今后将继续走作为和平国家的道路。中方对此表示积极评价。”

当然日本方面也表明：“对于中国改革开放以来的发展，带给包含日本在内的国际社会大好机会一事给予积极的评价，对于中国构筑带来永久和平与共同繁荣的世界之决心予以支持。”

说起来，双方一胜一负打成平手，但若以日中历史问题的脉络来说，把战后日本的生活方式视为和平国家而给予积极的肯定，很明显地就不能再采取日本军国主义复活论了。这样的发展，确实具有重要的意义，就仿佛铜和锌混合，产生出性质完全不同的黄铜一样。人们应该可以看出这是以往一直感到困扰的中国在往世界大国发展中，因为心理上有了余裕才去整理和日本及日本人的关系而产生的结果吧。

有如一再述说，如此历史问题并不会消失，因为它的性质不是那么容易就可以被消除的。有关历史问题应该如何处理，将在下一章详细叙述。

三、在世界之中体会日中关系

朝向世界的日中关系

从相当早之前起，日中双方将日中关系定位为“最重要的两国关系之一”，可是这个日中关系却无法从两国关系的桎梏中走出来。

为这一目标所做出的努力，亦即从1979年的大平首相访华之时开始的摸索，一如前所述，1984年3月，中曾根康弘正式访问中国，在北京发表演讲。在那里，他说，日中两国的领导者共同拥有像“日中和平友好关系的发展，不限于两国，就亚洲乃至世界的和平与繁荣来说，非常紧要”这样的认识。这是中曾根首相基本的想法，后来也偶尔提及并予以强调。大平首相以后，日方一直努力希望和中国共同分享这个想法。

有时候，前述这一想法也因日中关系的微妙而变得不显眼。日中关系当想前进的时候，却在脚边接二连三地发生问题，为了处理这些事件而忙得不可开交时，会让人觉得超越两国关系往前发展是不切实际的。许多人觉得，如果不把日中关系重新放入世界的脉络中，便无法从两国关系的障碍中解放出来，而且也不可能让日中关系朝向“主动出击的关系”。

虽已叙述过，但例如在1998年的《联合宣言》中，也曾往那个方向努力，不过，还不像2008年的《联合声明》那般明快。这不是因为历史问题造成龃龉，而是在世界的变化之中两国的定位还不清楚所致。

然而在2008年的《联合声明》中清楚地把“日中两国对于亚洲太平洋地区以及世界的和平、安定、发展具有巨大的影响力，担负着重大的责任”这样的认识写了进去，日中关系终于变成了植入整个世界理念的外交关系了。《联合声明》更宣称道：“使中日关系的发展方向与世界发展潮流相一致，共同开创亚太地区和世界的美好未来。”

“世界之中的日中关系”终于化为实际了。

从被动到主动的日中关系

日中关系，越闭锁在两国关系之中，越无法从日中关系的障碍中解脱出来。若不能从这里解脱出来，新的地平线就无法开展。

小泉首相的六次靖国参拜，甚至发展成日中高峰会议的中止。有时个别事件影响整个日中关系，虽然这不是贤明的对外政策，不过在日中双方有关人员之间却明显地形成了一致的看法——了解日中关系对双方而言竟是那么重要。

从 1998 年起经过十年，世界起了更大的变化。因小泉首相的靖国神社参拜问题而找不到出口的日中关系提出了面对逐渐全球化的世界经济，以及存在于越来越狭窄的地球上的观点。

在世界中，中国的存在感快速增大，对日本而言，中国的存在也变大了。对于达到新发展阶段的中国也逐渐明白日本的必要性。这种感觉就像登上一个山头，才能看见下一个山头似的。

于是乎，无可比拟的，对中国而言的日本问题和对日本而言的中国问题，也就是各自的重要内政问题已到必须解决的时候了。

结果，新日中关系被构想出来，而“战略互惠关系”这个新时代的新日中关系，亦即世界之中的日中关系得以实现了。

依照重新把日中关系放入世界这个广大脉络中的必然结果来看，日中关系必须对亚洲乃至世界的和平与安定以及繁荣做出贡献。日中两国坚持和平的发展，而使两国的关系安定与发展，不仅是与两国间有关的问题，而且是与世界的和平与繁荣有关的事情。这就是日中两国对整个世界所负之责的定位。

其次，在构筑战略互惠关系上，有个前提是，站在中长期的角度和地球的角度上的共同利益是存在的。在经济全球化的进一步发展下，日中经济的相互依存程度会更为加深。如果彼此成为安全保障上不可忽视的存在，则可以拥有许多重要的共同利益。此外还要加上气候变动、环境污染、传染疾病等超越国境的课题。再者，若日中彼此不合作，在顺畅的经济活动上所不可欠缺的亚洲及世界的和平与安定也不会实现。这些对两国来说，已经是明确的共同利益了。

如此一来，新时代新日中关系的框架便固定下来了。“主动出击的日中关系”的框架完成了。这个新时代就在眼前，可是看起来日中双方都呆立不动地站在某处的样子。

可以相信听起来愉快的话吗？中国，虽然是唯一拥有潜力足以挑战美国的大国，但是将日本置于势力范围内，而形成中华秩序，不正是其最终目标吗？日本终究还是扮演与美国联手限制中国的角色，不是吗？原本两国不是就没有共同的价值观吗？何以日中能够携手前进呢……越想疑问变得越多。然而这看起来不就是日中双方的现状吗？不过，对于这些疑问，我都能够充分予以回答。[①]

---

① 虽然有必要伴随行动，但与今后想做什么有关。借着按地理性质或文化性质将中华圈从其他的世界切割出来的状况，是有可能形成中华秩序。一旦经济全球化，在与其他许多玩家共存之下，则不可能形成这样的秩序。

“共同的价值观”之定义，很困难。在儒学中，已经有“民主”的想法，只是它的达成方法不同而已。在西洋文明的背景下，自由、人权、法治乃是“民主”的具体化，而这些概念还有可能进一步地发展。日中合作，将世界置于视野中，就能做很多事情。在这样的意义上，携手合作也是可能的。

今后等待我们的道路虽然绝非平坦，但是即使到这里为止，也有过漫长而困难的过程。到达战略互惠关系的阶段本身，其实就不是一条容易走的道路，有关这样的认识，我们应该紧紧把握住。日中关系，不像写进文件里事情就结束一般的乐观。在国家目标之中被明确定位的对外政策，如果带着清楚的自觉和想法前进，成功是可期的。毫无疑问我们正进入“主动出击的日中关系”时代。

四、确立相互信赖

互相了解的困难

日中关系的未来所存在的许多疑问，必须借着促进互相了解、确立相互信赖来消除。如前所述，在 2008 年的《联合声明》中，做出像“面向未来，不断开创中日战略互惠关系新局面。双方将不断增进相互理解和相互信任，扩大互利合作，使中日关系的发展方向与世界发展潮流相一致”的宣言，正因为对此事有充分的体识。

抗拒“促进相互了解”这个宣传标语的倾向，也是难免的吧。我想，那样的抗拒也有其道理，因为百分之百了解对方是不可能的。

人原本就很复杂。不论其思考，不论行动，不论什么样的人类集团所创造的社会，都复杂到极点。最后形成国家，而国家也是由那样的社会所构成。在目前这个阶段，没有理由事物会突然变得很简单。终究还是复杂的。

且让我们看一看钻石。说它是菱形也可以，说它是四角形也可以，或许是三角形也说不定。这些说法全都错，也全都对。总之，如果从整体看是菱形，若从细部看则是四角形或三角形，而且还有各式各样的三角形存在。这都是以平面或以立体的标准来看所产生出来的不同，甚至从不同方向看来也会有差别。此外，观察的程度不同，也会造成差异。换言之，观点不同，结果也有差异。

尽管如此，同是极为复杂的人是不可能相互了解的，这也是极端之论。我们必须充分了解到，在相互了解之上存在着无论如何无法避免的界限，所以唯有努力不懈地去了解对方而已。不能说因为无法了解他人，就把自己关在房间里。道理就是如此。

在社会上是如此，国与国的关系、国际社会也都一样。人不能闭居家中。为了与外面交流则所需做的，固然首先是相互了解，但在了解对方的同时，也必须了解自己。因为若不了解自己，便无法把自己的主张传达给他人。

若按照我个人的经验来说，我认为许多的了解可经由学习历史而获得。因为学习历史，我们能够对活着的当下更为了解。不论自己的事情，不论他人的事情，不论社会的事情，不论国家的事情，不论外国的事情，都因为学习历史而加深了了解。

我大学时代的恩师高坂正尧先生说过一些令人印象深刻的话。他说，不要又看又听新闻，这是浪费时间。在每天的头条新闻中，有多少会被写入将来的历史书中呢？少之又少。总而言之，从人类历史的观点来看，应该被保留下来的重要事情几乎都还没发生。如果这样，那学习历史是有益处的，因为只有那些人们认为重要的事情才会被记录下来。

我在年轻时也听说过“年轻人不知道历史”之类的批判。试想，对现在30岁的人来说，东京奥运已在历史之中（出生前16年），日中邦交也是透过历史书才知道的（出生前8年）。就像对我而言的“满洲事变”（九一八事变）（出生前15年）、“日中战争”（抗日战争）（出生前19年）一样，太平洋战争始于我出生之前不过5年，而这些都是我从历史书上学来的。历史，除了通过学习来了解以外，别无他法。

了解对方的另一个关键是，抱持公正且公平的心和眼再加上知性的好奇心。

在缅甸工作的时候，我虽然对不同于日本的生活习惯，感到惊讶，但我也学习到，当他们做出与我们不同的应对与行动时，自有他们的道理存在。抱持强烈的、知性的好奇心，一定可以找出为何他们有那种反应和行动的解答。

若以这样的态度去了解对方，对方一定会回报以善意，对方的心也会打开来。以此方式累积对中国之了解，必能打开了对方的心，接下来请听我对有关日本的说明。

固然相互理解是不会完全的，但加深了解却是可能的。

更加困难的日中相互了解

一般认为，日本与中国和韩国，是既近又远的国家。

中国古籍最早经由朝鲜半岛的百济国传入日本，时间在7世纪。那时所传入的书籍有《论语》和《千字文》。因是之故，日、中、韩共享了汉字与儒学。事实上，中国文明在唐代、宋代、明代各以不同的方式强烈地影响包括日韩的周边国家。

亚洲是个拥有各种不同文化、历史、宗教的地区，不像欧洲拥有基督教、拉丁语、罗马帝国等共同的传统和经验，所以经常可以听到的议论是，一体化很困难。不过，如果就有关日中韩三国来说，不仅有儒学、汉字、书画、陶瓷器之类的文化，还有以中国为中心的传统，以及共享东亚秩序的经验。以日中韩为中心的东亚，是个在我们想象之上极其相似的共同体。

这个文化的相似性，使得在美国日裔、华裔、韩裔之间的通婚大为增加。1990 年后半，在亚特兰大总领事时代，我曾经读过报道说，东亚三国后裔的美国人彼此之间的通婚，远远超过和这个文化圈以外的美国人之间的通婚。在美国和欧洲全然不同的文化背景下，这三国之间的差异相对地变得越来越小了。

尽管如此，日本和中国之间的相互理解仍旧非常困难。

首先，文化的相似性让人有着“同文同种”的错觉，但相似却不同，这就是日本和中国的情况。

例如，关于自我主张。在中国，若不做自我主张，则活不下去。什么事情都清楚地说出来，如果先动手的人，在吵架中就算输了。因此经常听人说，中国人把手绕在背后，以无法动手的方式吵架。简言之，不可互殴，只能用嘴巴吵。

在中国由于辩论能力受到很高的评价，所以此种能力的大小成了社会评价的标准。在日本，倒不如说寡言才会受到褒奖。《论语》劝人讲话不要太滔滔不绝的“刚毅木讷，近仁”这句话，在今天的中国几乎听不到了。

平心而论，说出自我主张的中国符合更国际化的标准，而寡言的日本则属例外。由于我还没有环游过世界所有的国家，所以不敢肯定，不过，和日本相似的国家大概就属缅甸了。撒哈拉沙漠以南的非洲，如果仍保持和以往一样，不也就和日本相当近似吗?

且再举一个不同的例子，日本人喜好细部的精致度，而中国喜欢大构想。换言之，日本人致密，中国对细部不在乎。

试想一想，统治中国这个广大又多样化的国家与社会之时，过分致密是行不通的。唯一实际的方法就是提出大方针，剩下的交给地方，一面推展，一面再做必要的修正与补充。猛一看，好像马马虎虎，但在某个意义上，却是一个有余裕且包容性大、在中国这种环境中反而不易崩溃的结构，久而久之，中国社会的整体结构就变成这个样子了。

日本人，如果生活在这样的社会里，会非常紧张。在中国，即使约会突然取消，即使来宾在宴会不久前才说不能出席，人们也不会感到惊讶。相反地，就算我们做出同样的事情，中国人也不会惊讶。

曾经有个住在日本的中国朋友，很性急地向我请托事情，我却说“慢慢来吧”。或许他已经日本人化，而我已中国人化也说不定。

一个进入房间的日本人，在就座之后，只看看周遭，便立刻了解当场的气氛与自己的角色，虽然在没有任何明确的结论下就散会了，但这种事情在社会上却相当流行，如此光景在这世界上岂不是很不寻常吗?

因此，如果探索日中的差异，将会发现许多的不同。我的建议是，把中国人视为其他外国人加以认识及应对会比较好些。

然而日中的关系更加复杂。原本中国与中国人本身就是多样化的，只简单地用“中国”二字实在无法概括。虽然不像前述的钻石，但把中国说成四角形、三角形，不，纵使说成菱形也都对，同时也都错。虽然这个说法让人困惑，但实际正是如此。

中国是一个在漫长的历史中凭它自己完成的空间。宫崎市定先生在《叙说史记》（1996 年）之中指出，司马迁对中华世界以外的地区及其住民很没兴趣。除了一部分以外，中华世界对外面的世界没什么兴趣。

像这样的人一旦听说日本文化受到中国强烈影响，便立刻觉得没有学习的必要，因为主流文化从亚流文化是学不到东西的。不过到了近代，却有很大的改变。西洋列强在亚洲扩张势力，在中国产生出向早已习得西洋事物的日本学习之风潮。

多亏在明治时代西洋文明的日语化比中国来得早，总之，以汉字翻译的一些新词汇（例如，政治、宪法、共产主义、科学、哲学等多数的词汇）被出口到中国去。

此外，日本翻译的水平非常高也是原因之一。明治新政府成立后，被派遣海外的精英，他们从孩提时代起就和中国一样开始念诵四书五经①，接受教

① 四书，指《大学》《中庸》《论语》《孟子》。五经，指《易经》《书经》《诗经》《春秋》《礼记》，全都是儒学最重要的经典。

育，他们的汉学素养具有极高的水平。因此，他们使用汉字的翻译，中国人毫无抵抗地便接受了。

这个“日本热”，也随着日本加强对中国的攻击而逐渐减弱。透过日本向西洋学习和学习日本的变革以改变中国，才是中国人主要的兴趣所在，而并非对日本和日本人感兴趣。

中国对日本社会的研究水平，即使到现在也决不高。在中国，鲁思·本尼迪克特的《菊与刀》或新渡户稻造的《武士道》依然占据基础书籍的地位，虽然比较好的书一点一点地出现，但就对日本社会的解剖来说，还不够充分。

日本对中国的了解也有限。江户时代，日本的汉学研究有巨大的发展。按照吉川幸次郎的说法，伊藤仁斋的《论语古义》，引起清朝儒学研究的反响（《关于论语》，1976 年）。然而日本对中国的了解，许多都是透过那些书籍而来的，而且以日本人的感觉来解读书籍中所写的事情，却以为那就是实际上的中国。

进入明治时代，日本人认识了实际的中国和中国人之后，造成了巨大的幻灭。那非但不是孔子和孟子一直居住的国家，而是一个全体国民文化水平低落，同时遭受西洋列强蹂躏的老大国家。日本对中国的了解，至今仍无法去除这个阴影。

日本对中国古典的研究水平至今还是很高的，可是对现代中国的了解，不得不说仍不充分，事实上也相当不充分。原因是，不但没有紧贴中国的全貌，也未能跟上中国变化的速度。

我回忆起中国某位从事日本研究的学者说，中国人只知道战前的日本，而日本人只知道隋唐的中国。我认为这是至理名言。

事实上，日本民族与中华民族在历史上透过草根层面的大规模接触，就是日本侵略中国。如此不幸的相遇，即使现在回想起来，也觉得可惜。

许多以士兵身份出征的日本人，不但无法拥有与自己相应的中国观或中国人观，反而带回来的是，经过强化的、蔑视中国人的情绪。当然事先必须指出的是，许多士兵为烦恼所苦而对战争本身带有强烈的否定情绪。毕竟只有极小的一部分人能够与中国人的心彼此接触，温暖地交流。

受到侵略的中国，毕竟也无法拥有与自己相应的日本观或日本人观。他们眼睛所看到的、所认识过的日本人，许多都是战场上的士兵。他们既是侵入自己故乡的敌人，又是杀人者，决不像是日本家庭所感受到的父亲、丈夫、兄弟。自然而然中国人的日本观和日本人观就变成极为严格的东西。

纵使现在回想起来，也觉得可惜至极。由衷希望能有其他的方式来进行这种草根层级的大规模相遇。然而已经发生的，再也无法改变了，所以唯有不断前进，设法克服它一途了。日中的相互了解会如此困难的另一个根本原因，就在于这第一次的相遇，希望大家事先有这样的了解。

如何将对方定位

日中的相互了解变得很困难的另一个理由，就是彼此的位置关系尚未决定清楚。

中国虽然自古以来对日本就不太在意，但却比日本人所想的还在意些。说起日本的古代，相当于中国从 2 世纪起到约 6 世纪的魏晋南北朝，但是在朝鲜半岛和日本，从创建独立的国家开始并成长起来的活动与中国大陆的活动有着连动关系，而且关系之深远在我们的想象之上。

有关朝鲜半岛，日中作战了三次。最初是白村江之战（663年）[1]。协助百济复兴的大和朝廷军，败给唐朝与新罗的联军。第二次是丰臣秀吉出兵朝鲜。从1592年打到1598年，这一次也败给李氏朝鲜和明朝的联军（文禄、庆长之役）。接着是1894年有关朝鲜半岛支配权的明治政府与清朝之战，也就是“日清战争”（甲午战争）。

一旦日本国家动乱，则海贼跋扈，从朝鲜半岛到中国的沿海地方都受到巨大的影响。倭寇虽然以明代的最有名，但除此以外的时代也存在着。足利义满的勘合贸易，一种为了获取对中贸易的利益而接受朝贡关系的形式，总算得以实现，可是，原本采取锁国政策的明朝为何会同意并没什么利益可图的对日贸易呢？原因是，明朝期待足利幕府能够取缔倭寇，毕竟倭寇问题是一个足以动摇明朝国本的重大事件。

日本学习中国的政治制度，吸收其文化，创建新的国家，但出乎中国人想象的是，日本一直强烈地抱持着与中国和中国文化对抗的心理。首先，发生“中国热”，隔一段时间，产生对它的抗拒而追求日本独自的东西，像这样的过程不断地重复着。

经由这样的方式，日本独自的文化得以开花结果。这个文化受到日本自

① 朝鲜半岛，当时高句丽、百济、新罗鼎立。百济受到压迫，趁唐朝欲强化对朝鲜之控制权，新罗加以巧妙操纵而确立了霸权。在这个过程中，大和朝廷派遣大军，企图帮助百济的残存势力，但是在白村江败于唐朝与新罗联军。

然环境及地理条件的巨大影响。此外，住在日本列岛的人经常接受来自国外的新人，同时逐渐同一化、一体化，进而创造出独自的社会与文化。

这种“与中国不同”“不在中国支配下”的心理乃是日本民族的原点，也就是一面向往中华世界，一面却又顽固地拒绝成为它的一分子。另一方面，日本借着告诫自己必须与中国不同而确立本身的同一性、归属性或者自我认识，亦即自我认同。

就像这样，日中关系是极其复杂的，在某个意义上，也是相当特殊的。正因为基于这种关系，我想，对日中双方而言，“相互相位”（如何将对方定位）是今后互相了解所要努力的核心。

这个关键在于向对方敞开心胸，谦虚地学习对方的相关事宜以了解对方，透过这些事情向对方致上敬意。如果能向对方表示敬意，信赖就会萌芽。

1997 年，迎接邦交正常化 25 周年的那一年，在日中之间累积着越来越多的问题，对对方的好感度持续下滑。其间，曾经留学日本，与日中关系渊源极深的张香山先生，在中国的电视上向中国国民诉说：“毛泽东主席和周恩来总理这些中国的领导人说，如同中国是伟大的国家，中华民族是伟大的民族一样，日本和日本民族也是伟大的国家、伟大的民族。我们必须向日本这个国家和日本民族表示敬意。”

我边看着这个电视节目边感觉到某种巨大的力量。作为一个了解张香山先生平日为人的人，我对于张先生敢于违逆舆论的氛围或者民意的潮流率直有力地诉说与日本关系的重要性深表敬意，那是一种对他在紧要关头坚定发言的勇气与责任感之敬意。

不了解对方，自然对他产生不出敬意。我猜测，也许毛泽东、周恩来等中国领导人，因为曾经和日本作战而产生出对日本的敬意。对日本的敌意和憎恨的情感，并没有阻止他们的理性尝试去全面掌握日本这个国家和民族，或许正因为日本过去是敌人，所以才感觉到有全面学习日本的必要也说不定。不仅如此，我一直感觉到他们对日本深刻的了解伴随着对日本特殊的正面情感。

的确，毛泽东生于 1893 年，周恩来生于 1898 年。1974 年 1 月，毛泽东和当时的大平正芳外务大臣会面时说，自己年轻时也想留学日本。据说，他还说出日语片假名的字母“a i u e o，ka ki ku ke ko”作为自己学过日语的证据。毛泽东出生的湖南省，送出许多日本留学生，也产生了许多革命领导人。年轻的毛泽东也强烈感受得到当时的湖南社会对日本的气氛吧。

周恩来从 1917 年起约两年，在日本留学。身为日本通的周恩来之原点，就在于此。1920 年，虽然去了法国，但终其一生，对日本的温暖感情始终不变。在座落天津的周恩来、邓颖超纪念馆里，温馨地展出周恩来和日本彼此的关系，此展应该是忖度两人的心情而做出来的吧。

从 1973 年起两年之间，我在亚洲局中国课担任事务官之时，第一代的中国大使是陈楚先生。那时还未缔结航空协议，在周恩来的安排下，使用包机来日本就任。万一需要临时回国，他一定得向周总理报告。我想起陈大使的一件事，因为他好像听人说周总理会问从日本回来的人：“琵琶湖如何呀？”所以，他说：“回国之前，不管再怎么忙，也必须到琵琶湖走一趟！”

当然不论毛泽东或周恩来，对于日本要求中国实施“二十一条”（1915年）[①]，也都感到愤慨，也都强烈反弹吧。对于以此事件为发端而形成中国民族主义运动之嚆矢，汹涌澎湃的“五四运动”，他们也产生强烈的共鸣与支持吧。然而决不能忘掉的是，立于抗日战争的前沿，率领中国共产党和日军作战的也是他们。

这是唯有那些了解广阔的世界和经常秉持历史性观点的一流政治领导人才拥有的情感——不是对于近代亚洲被置于世界史中的遭遇，以及对于身为亚洲一国拼死想脱离此一遭遇的日本所拥有的特别情感吗？这个日本，侵略了他们的祖国中国。在耳边听到和孙文同样的叹息，是错觉吗？当然毛泽东、周恩来也知道有许多日本人，像梅谷庄吉、宫崎滔天、头山满、犬养毅等，拼命支持以孙文为首的早期中国革命吧。

在增进毛泽东、周恩来两人对日本的了解方面，必须有真正了解日本的人存在，才具重要的意义。廖承志、孙平化、张香山等都堪称这样的人。廖承志是有名的国民党左派革命家廖仲恺之子，生于日本长于日本，受到周恩来的疼爱。而这些人才，也可以说是受到重用吧。

日中邦交正常化之前，当中方想对日本发表重要声明之际，为了正确又有效地传达给日方，甚至还询问日本人有关发表文章的意见——将廖承志的日本朋友邀请到中国，在事前参与商量。这个做法乃是廖承志的提案，经周恩来同意而实施的。以上是我从中国外交界的前辈听来的故事。

---

① 因始于1914年的第一次世界大战，日本不仅继承敌国的德国在中国的权益，更想获得巨大的对中权益，向中国提出强硬的要求。招致中方的强力反弹，点燃中国的民族主义运动。

国民层级的相互信赖

因此，借着以宽阔的心来看对方、加深相互了解、向对方的存在表示敬意，便能够产生出相互的信赖。像这样的努力，无论如何都是必需的。不过我一旦这么说，似乎可以听到这样的声音：“这话未免太天真！在外交上最重要的是国家利益，是为了实现它的国力，是为了有效发挥国力的战术与技术。发什么疯，净说些尊敬、信赖这种天真的话！”这也难怪，人们正是这样理解实力外交的呀。

然而在现场的感觉，却相当不同。在外交上，有应该追求的大战略目标，也有有效率达成这些的战术群，更有技术。外交并不能将自己的意思百分之百强加在对方身上。那是军事性的工作。即使超大国的美国也在伊拉克和阿富汗体验到倚仗军事实力的外交亦有其困难之处。

外交始终以透过和平手段达成其任务为目标。基本上的做法，就是说服。于是，批评的声音立刻变成“想对中国说的，为何不说？因此，中国没有倾听日本的意见”之类的话。如同一再宣扬的，外交的世界不是法庭。其结构不像是原告和被告双方都把想说的说出来，然后由第三者做出判决。在外交上，始终只是一对一地说服对方，让他投降而已。

因此，自己所深信的“正义”或“正确的立场”就变得没意义，因为对方也认为自己的立场是“正义”的，故而坚持“正确的立场”，换言之，不论大声主张或敲桌子，对方也不会做出让步。

为了使对方同意或者使其让步，最重要的就是站在对方的立场找出一个逻辑，让对方可以在国内说出像“对我国而言，这个交易是个利益，是有利的”这番话。借着扩大视野，以长远的眼光来看事情，一定可以发现双方的共同利益。借着扩充这项共同利益，将许多要素聚集在一起，采取妥协之策，就有解决问题的可能。

另外一个，依旧是信赖关系。有许多书籍谈外交和外交官，极少数会说出“为了国家利益，说谎也无妨”这种话，但大部分都强调着信赖关系。说谎，即使第一次过关，第二次就过不了关了，人们并没有那么愚蠢。一旦说了谎，从第二次起谁也不敢再信任他了。

和对方若有信赖关系，彼此的话就容易沟通。同样的话，由有信用的人和无信用的人说起来，效果就是不一样，这是不辩自明的。这件事在过去固然透过属于狭小职业团体的外交官们说明了，但是在“成熟民主主义”的时代里，国民舆论所拥有的力量足以强烈影响外交。

在此时，同为政治领导者之间的信赖关系，变得越来越重要。我也看过不少因首脑之间的信赖关系而打破难局的情况。在外交的世界里，也有为某人而去做某事的情况。当然其中虽包含计算，但对人而言，不光只是计算而已。领导者也是人，既然同样是人，便能够建立起信赖关系。因此，领导者也有人类的这一面。

首脑交流所扮演的角色，也极为重要。从 2006 年起担任驻中国大使的四年来我看得清清楚楚。同为首脑，相互访问，提示两国应该进展的方向，倘若再加上彼此同意有关强化关系的措施，社会气氛也将会逐渐改变的。此外应该被酝酿出来的是，即使推动日中关系也不会有问题的气氛。政治领导者虽然拥有强烈的意志，使日中关系往前进，但仍必须和对方国的领导者持续确认此事。

当初在 2006 年，也就是隔五年我再回到北京时，不仅首脑和阁僚的交流急遽减少，政府所有层级的交流也大幅降低。光凭我的感觉来说，整个交流减少了三分之一。

当时，禽流感和 SARS 等感染症、麻醉药和兴奋剂等药物、食品安全等，问题不胜枚举，同为政府之间原本应该进行会谈的问题增加，但接触却反而减少了。在上位的如果不交流，在下位的便逐渐疏远了。这就是日中关系当时的情况。不论日本的中国问题，或者中国的日本问题，风险都很高，总之，交往就是有功无赏，失败受罚。因此，下层人员的疏远是很自然的。

然而，同为政府的实务交流，最初是为了彼此保护自家国民的安全与健康而进行的事务，因此中断或减少，都不是好事。纵使只为了克尽对国民的责任与义务，那交流也应该被继续、被强化才是。

首脑交流与同是首脑之间的相互信赖，都应该支持这样的交流，便可带来更大的效果。其次，支持首脑外交的是舆论。若是这样，比起以往，同为国民的相互信赖的重要性也格外增大起来。

因此，有必要将相互信赖与相互尊敬定为国民层级的东西。和同为外交官之间的交涉是相同的，如果国民对于对方心存怀疑，那么属于政府层级的交涉，其成功的概率也会降低。

在 1.3 亿与 13 亿人之间构筑这种关系，是一件需要耐心的工作，唯有一步一步向前进而已。在这个任务未达成之前，东亚不会实现真正的和平与繁荣。

第五章 为今后的日中关系所追求的

一、置历史问题于一旁

如何定位历史问题

在以往的篇章里，我主张在第二次联合声明内所决定的“日中战略互惠关系”把日中关系导向新的水平。就算需要一个世纪的时间，也要好好地认识这个不会经常到访的难得机会，同时更不应该让这个机会溜走。

可以判断的是，在政治上已经做出这样的决定了。自民党的安倍首相创造机会，福田首相汇集于文件中，麻生首相充分地延续此事。2009 年政权交替之后，民主党的鸠山首相表明了让“日中战略互惠关系”更进一步发展的基本方针与决心，并延续到菅政权。

不过，这是多么脆弱的东西呀，例如，2010 年 9 月，在钓鱼岛海域内逮捕、扣留中国渔船船长的事件，就被媒体批露。因此，我们必须拥有更大的决心，建立一个让战略互惠关系更加发展的环境。

其一，适当处理历史问题。有如前述，历史问题是存于日本和中国之间的客观问题。如果从四周的国家看来，明明许多国家和中国之间都有不同意义的“历史问题”，可是在中国，尤其在一般国民脑海中却只存在着和日本的历史问题而已。历史问题，也是冲击性巨大的情感问题。

有关历史问题，中国共产党和政府做了一个很大的区别，这点业已详述。

但是，这个联合声明一致同意发表之后，中国国内也有人发出豪语，说：“这样的东西，经过一段时间还会逆转。这样的对日观是不会生根的。”

的确，在2000年初，提出“对日新思考”的人们，在中国国内受到严厉的批判，虽然想使之闭嘴，却又不能轻视一部分行动过激者的言行。此外，即使在网络上，对日本和日本人的激烈言论，依旧传来传去（但最近数目比想象中来得少）。

固然也有个面向是让它扮演宣泄对中国政府不满的角色，但实际的状况是，因为历史问题而对日严厉的情感依然存在。对于此事重视，不论再怎么样也不嫌多。

其次，在中国也经常有着若干不同的主张和议论，换言之，绝不会口径一致的，这一点业已强调过了。事实上，想将这些不同意见汇集起来，也绝非易事。更何况像日本问题这般敏感的问题，岂能轻易地整理出来。中方虽然已完成打开局面的方程式，但事态并非那么简单到凭借它就能解决的程度。

特别是，希望正和中国人一起工作的日本企业和日本人，先对此事有一正确的了解。在中国，日本的历史问题绝不是个能够消除的重大课题。如果错看此点，就无法和中国人对话，也不能建立起信赖关系。就只有这个历史问题是最特别的。

尽管如此，日本人也没必要表现卑屈、软弱、道歉的语气。我们战后出生的世代，对中国没有做过什么恶事。许多日本人支持1972年的邦交正常化，同意对中国实施经济援助，也支持将自己所付的税金运用于对中国经济援助。在中国发生灾害，万一有许多无辜的人民受害，日本全国的普通人会自发地捐出善款。

我们日本人漂漂亮亮地做出一个人所应该做的事，所以带着自信，挺起胸膛即可。

同时，日本侵略中国的事实，必须牢记在心。也不可忘记仍有许多因死、伤而心中留有许多痛楚与憎恨的中国人还活在世上。对于他们的痛苦，我们要带着体谅的心情。尽管如此，在生意上，没有必要做出不必要的妥协与让步。

希望在中国工作的企业和生活的日本人，不要忘记自己置身在那样的环境里。我在美国的时候，在侨居当地的日本人当中，有人生气地说："我们日本人到美国来，为当地创造许多就业机会，对美国经济的发展有所贡献。因此，美国方面应该感谢，可是这样的待遇算什么！"这样的想法是错误的。因为在美国人建立的经济和社会中设立公司，使得日本人能够在此生活，所以应该好好保持着对当地社会和人们的敬意，以及感谢的心意。日本企业所做的社会贡献活动非常多样化，这是正确的，希望在中国更加强化这些事情。

希望在中国扩展势力的企业与住在中国的日本人，能牢牢把持住原理原则或伦理观等。无论如何，应该把持住不可改变的东西。中国人尊敬这种有原则的人和公司，但这并非意味要人过度表现顽固的态度。必定会有某些东西，如果欠缺它，那家公司就完了，或者连自己也没了。希望大家坚守着它。由于被尊敬，人们才会跟随。因为被尊敬，对方才会倾听。此外，人生观的问题也很重要。

至今，有很多从事日中搭桥工作的名人，譬如，松村谦三、高崎达之助、古井喜实、伊东正义、野中広务……在这些人当中，有任何人光听中方所说的，而不提出日本的主张吗？一个也没有。他们明白日中的大局，为了找出该怎么做对日中的共同利益比较好的方式而与中方进行彻底的讨论。不论好事和坏事，能接受的与不能接受的，他们都清清楚楚地传达出去。

这就是有原则。因此，他们受到中国方面的尊敬、信赖。当然，说过的话和约定的事，务必牢牢遵守。对这样的人，一流的中国人自然也“以其道还诸其人”。因此，日中之间彼此好好地疏通意见，是可能的。

对于日本和日本人，正如前面所叙述的一样，“历史牌”带来了反效果。不过，出于中国国内因素，历史问题得以再度燃烧起来。对于一些人，中国和日本的历史问题仍然是一个安全又容易使用的工具。

此外，在中国多样化的社会里，一直都有各种不同的意见，各式各样的情感在其中涌动着。一个问题，和其他许多的问题经常复杂地纠缠在一起。这不是一个单纯到足以从某个现象就可得出单一结论的社会。

中国的对日关系也相同。中国领导部门虽然经过综合性的判断，决定出新的对日战略，但对此表示抗拒、反对的人仍非常之多。以历史问题为首的“日本问题”，有立刻成为深刻的中国国内问题之虞。

因此，日本方面也必须极为慎重地应对历史问题。宣称历代内阁均未曾改变其立场之“村山谈话”的立场，必须坚持住。不过，这并非把中方对历史问题的立场，照单全收，因为如果从日本来看，中方也还有问题，其中包含了事实关系之认定的历史认识。实际上，“村山谈话”是日本政府在面对国内事情堆积如山之际，基于责任而对外发表的。因此，往后的历代内阁都继承下来，同时因为这件事使得日本和中国、韩国以及广大的亚洲地区，彼此关系获得安定。对此一事实我们必须正确地加以认识才对。

历史观差异相对缩小

事实上，在日本与中国之间，对历史本身的认识有所不同，此事已经借用入江昭先生的话介绍过了。也就是说，历史学的基本认识是，“事实固然只有一个，但解释是可以多样的”。当然，对事实本身的确定，有时也伴随着困难。至于中国的历史认识，从孔子的时代起经过司马迁，历史变成一种传播价值观的东西。历史的事实也好，其解释也好，都必须反映一定的价值。

不只是这种历史性的制约，中国共产党还是马列主义（与毛泽东思想、邓小平理论、三个代表理论、科学发展观）的政党。中国共产党正式的哲学是唯物论，认识方法是唯物辩证法，历史观是唯物史观。这些是相当难以分割、三位一体的东西。总而言之，中国共产党的历史观本身，不能脱离一定的价值观和意识形态。

如此一来，自然会有这种想法：不可能在日中之间推动历史的相互了解。然而在2006年10月安倍首相访华时一致同意下，由日中有识者所做的历史联合研究显示，双方学者相互了解的进展，超乎一般的评价。

超越根本的差异，其障碍虽高，但这种知性的交流却是很重要的。到达价值判断之前的事实或者在它们的实证、更详细的事实关系上，双方专门学者的交流意义重大，因为这样才有可能一同对事实关系进行确认。不管怎样，这种知性的作业是否能继续下去是很重要的。必须坚忍不拔，持续努力了解双方的差异，当发生见解不同时，至少也要了解对方的逻辑所在。

日中双方的各种差异，不可否认在历史问题上比实际来得大。这个鸿沟，不仅是历史观而已，而且还基于生死观、宗教观等，借着大幅度的学术性作业，能够一点一点地填埋起来。总之，不要以自己的价值标准将对方割舍，同时不可欠缺的态度是，谦虚地倾听对方的主张。

经过这样的作业之后，更多的人将可以更客观且科学地看待历史问题吧。在现在的时间点上，能够提供给双方国民做判断的材料玥显不足，在中国尤其有那种感觉。

在这样的情况下，中国领导部门改变对日本军国主义的定位，对战后日本予以评价，让历史问题告一段落，至于此事的重要性，那是再怎么强调也不为过的。

中国的变化

“复杂的议论，且放一旁，看看现实吧。中国的对日历史观，不是还没改变吗？”可能有像这样的指责。似乎也可听见“在中国，即使到现在，不是正在实施爱国主义教育吗？在电视和电影方面，不是依旧有关于抗日战争的内容吗？”“日本单方面再怎么努力，历史问题也不会变小”这类意见。

在这里想重新指出，中国正处于巨大的改变中。

中国共产党史的抗日战争之定位已改变，在主张中国共产党领导的正当性时，其重点从抗日战争所扮演的角色往国民每天的生活改善转变。据此，在国民教育上，抗日战争的定位也将随之改变。

就中国而言，“日本问题”是直接与国内安定有关的重要问题，因此没有必要勉强地让日本和日本人扮演坏人，甚至煽动反日情感。尤其对于一般日本人，故意强调其负面的事情，使之形象恶化等，这样的作为便违反了中国共产党的基本方针。

再者，中国的发展也给了中国人心理的余裕吧。最近，更客观的日本印象和日本人印象，频繁地在中国的媒体和电影上出现。

尽管如此，抗日战争的电视剧并未快速减少，数量依旧相当多（中国的电视节目基本上是卫星频道，由于不仅中央政府，连地方政府也有电视台，所有频道数超过一百个。因为内容不足，所以不断回放旧节目）。在过去，登场的日本人全是坏人，中国人全是好人，最近，变成好的日本人和坏的中国人也登场了。

在中国很活跃的日本年轻男艺人中，有个叫做矢野浩二，在抗日战争剧中饰演日本兵。他相当受欢迎，也曾在类似《彻子的房间》的日本电视节目里出镜。主持人问他说：“饰演（坏）日本兵，感觉怎么样？”他用中文巧妙回答道：“在日本，那是死人的角色。虽然演死人，但也相当困难唷。”观众大笑。

即使他在中国的电视剧和电影中演日本兵，但中国观众却不认为那是真的日本兵。矢野先生在“演”，而不是在重现历史。戏剧就是戏剧，被与历史的事实切割开来。除他以外，也有许多年轻演员活跃于中国。虽然男演员多数饰演日本兵的角色，但也有少数人以真正的日本和日本人的样子登场，在当地努力着。

为了活跃于世界，也有日本年轻的一代不选择好莱坞而选择中国。从这些发现中国既严苛又具有活力的空间，并投身其间、活跃其中的人身上，我们看到了日本和日本人未来发展的可能性。日本的年轻一代仍然是相当有希望的。

陆川导演2009年制作的《南京！南京！》，在某个意义上，也是个划时代的作品。对于这个沉重的课题，他尽可能客观地描述屠杀的画面，以黑白而且极力压抑的方式，淡淡地、沉静地叙述着。在最后的画面中，受命枪杀中国母子的日本军官，在私放母子之后，自杀了。这也是这部电影的主题，而角色是为战争所苦恼、受伤、死去的日本军官。在拍片前，陆川导演曾经浏览过许多在日本出版的资料。

当然，这部电影在中国国内卷入了赞否两论之中，蒙受保守阵营的严厉批判。“为什么美化日本鬼子呢？忘了那个恨吗？南京大屠杀的教育岂不完了吗？”之类的骂声，此起彼落。即使如此，这部电影的制作、上映都是划时代的。

我强烈认为，这种中国社会潮流，很快地将无法再倒退了。

对日本人的新印象和对日了解

如此一来，最后历史问题会到达“对于对方之看法”的问题上。

一般中国人的日本人观，都属于刻板印象。譬如，鼻下留着小胡子，戴着圆眼镜，挂着军刀，吼着“八嘎呀路！”的军人，或者始终拘拘谨谨，鞠躬哈腰，说着“嗨！嗨！”的人，这些均是典型例子。两者都是在以往的电影和戏剧中登场的日本人模样。

打破这种日本人印象的，是2009年出品、冯小刚导演的电影《非诚勿扰》。拜此电影之赐，北海道旅行在中国形成了热潮。此片是与日本的《男人真命苦》系列电影相似的贺岁片，也是泪与笑和品味幸福感的电影。一般认为，在中国拍这类电影，无人出冯导演之右。

这部电影的后半，在北海道拍摄。冯导演并没有在出名的观光胜地取景，而取的是经他亲自走过并认为是不错的地方。电影酝酿出幸福感的同时，让北海道东边宜人的景色吸引了广大的中国观众。

此外，对于登场的日本人，电影的描述方法也令人佩服。它并不从正面去说，日本是这样，日本人是那样。如果是这种做法，恐怕许多中国人都听不下去了。在电影中，透过住在北海道20年、和日本人结婚、主角的高中同学并担任导游之人的眼和口，来述说日本和日本人。

有一幕是，主角、女友、导游在山中温泉一起泡脚的戏。导游说：“这附近有熊出没。不小心不行喔！”这一对中国人固执地说：“不会有这种事的！”此时有两个徒步旅行的日本人登场。导游问他们：“这附近有熊出没吧？”这两人很认真地回答说：“是呀，我们去的时候有四个人。”这对中国男女大大吃了一惊。

在此登场的日本人，再也不是盛气凌人的军人，也不是四四方方的日本人，而是具有幽默感的日本人。其他还有许多同样的画面介绍了今日的日本和日本人。在促进对日了解和促使中国人赴日观光上，这部电影扮演了重要的角色。

于是，访问日本的中国人亲眼观察、体验今日的日本和日本人。旧的日本和日本人的形象，透过此事真的崩坏了吧。这也影响了中国人的对日历史观。希望借着交流增加能够加速治疗历史问题所产生的“伤口”。

二、以中国的冲击当做“第三次黑船”——新“相互位相”的构筑

在日中关系的背景中所发生的变化

如果以宏观的角度来观察日中关系，便可以看出其中的特点与方向。

新中国成立于1949年，那是东西冷战结构明确成形的时期。当时揭橥的口号是，苏联超越美国，中国超越英国，朝鲜超越日本。当时，中国的经济规模比日本还大。

1972年，日中邦交正常化实现。此前中苏对立表面化，美国试图从越南撤军。因此，美中的关系改善有所进展，日中的邦交正常化也变得可能。

在2008年的第二次联合声明中，日本与中国进入“战略互惠的时代”。在世界上，经济的全球化持续前进，而支持全球化的信息化社会也获得长足发展。那一年的秋天，华尔街雷曼兄弟破产，起自美国的金融危机发展为世界经济危机。

1978年实施改革开放政策的中国，此后30年间实现了年经济增长率超

过 9%，而且经济规模与日本并列，不仅政治方面，即使在经济方面，在世界所占的分量也越来越重。

在这次世界经济危机中，中国不但先人一步恢复了经济发展的速度，而且还获得克服世界经济危机之功劳者的地位。与此相反，日本经济非但无法摆脱长期低迷，社会还充满沉滞感。

因此，在日中的“相互定位”上起了变化。不仅日中的相互关系而已，在世界中的各自的位置关系上，也因日中之间而产生出根本的变化。

中国的改革开放政策成功，在世界的分量感也越来越重。此事让中国社会和中国人在心理上开始有了余裕。虽然过去为了“中国乃是大国”的自我感觉和现实之间所存在的差距而感到焦躁不安，但现在已经变得没必要了。相反，由于中国已经到达“世界大国”的地位，所以也遇上新的课题，也就是与此地位相应的想法和行动举止尚未确立起来。

另一方面，在日本因经济规模为中国超越的现实和社会的沉滞感引起了化学反应，日本人陷入一面对中国的看法趋于严格，一面企图强调中国之负面的心理结构中。在日本社会，人们的心理变得完全没有余裕了。

日本和中国必须找出新的“相互定位”，否则难以实现“日中战略互惠关系”所期待的、两国未来志向的合作关系。

对中国而言的日本，对日本而言的中国

对中国而言，日本其实占据了一个特殊的地位。

原本日本是中华文明的周边国家，至于它的存在，只属于那种偶尔会被

想起的程度而已。日本的存在感是稀薄的。

这个日本，以明治维新为契机，急速达成近代化，不但凌驾中国而且还侵略中国。结果，日本战败而归。虽然中国认为这次该轮到自己出场了，但是在出场不顺利的期间，一转眼日本已变成世界第二位的经济大国，遥遥领先于中国。

因此，中国人对日本的心情是复杂的。竟然发生日本领先中国这种不想遭遇的局面。与此同时，身为亚洲人也保有一份心情，想赞美日本的功绩。这种和毛泽东及周恩来的世代相同的情感，现在还留下一些。

1999 年 12 月，我陪同全国政协主席李瑞环访日。在小渊惠三首相主办的晚宴上，邀请了网球选手伊达公子小姐，因为李主席非常喜欢网球，一介绍伊达小姐，李主席就说："你是唯一击败过施特菲·格拉芙的亚洲人呀。你是亚洲人的骄傲！"我从中国的其他领导者那里也听过好几次相同的话。社会在改变，2010 年的世界杯足球赛，许多中国人为同是亚洲代表的日本队加油。

可是，一旦中国经济急速增长，开始朝着世界大国勇往直前时，在中国人里面开始产生轻视日本和日本人的风潮。这次，中国领导部门强调了日本的先进性，而且必须开始教育国人应该向日本学习些什么。包含观光客，凡了解日本的中国人都非常知道日本社会素质之高。不光是北京和上海，中国整体想要达到和日本一样的水平，还需要一段很长的时间，有关这一点也是广为人知的。但不可否认的事实是，中国对日本的存在感变得越来越淡了。

另一方面，对日本来说，中国经常是个巨大的存在。日本以强调和中国的相异点作为自己的认同，到了近代，因中国遭遇挫折，取而代之的是对中国的优越感。日本意识到，近代化（全球化）的进展造成了与中国的不同。

可是，当中国达成快速的近代化之时，这样的“不同”也渐渐看不到了。

这是在日中关系上新产生的问题，正因为如此，故有必要明确地整理出彼此的心理位相。

日本的再生是关键

在2008年的第二次联合声明中，双方认识到日中关系是影响世界的大国和大国之间的关系。而且声明中也表达了使日中关系的发展方向与世界发展潮流相一致，共同开创世界的美好未来之意，接着更明白地提出共同的认识：长期和平友好合作是双方唯一选择。

基本之点是，同为大国之关系。所谓同为大国之关系，已经是一个不容许战争，以及为世界和平与繁荣而互相合作的关系。在此关系之上，必须有信赖与尊敬，同时应该考虑的是，那不单是同是腕力强劲者的关系。

中国几乎达到了世界大国的地位，今后其分量感将会更进一步地加重吧。不过，那样的前途是多灾多难的，而其中最大的问题是中国的“国内建设”。虽然中国共产党的执政能力急速增强，但它所遭遇的问题变得既复杂又困难，因此统治能力的改善和问题的深刻化，仿佛在做速度竞赛似的。如果中国国内建设失败，许多行动计划都将只是画饼充饥而已。

然而抱着比这个还深刻的问题的一方，不如说是日本吧。在面临人口减少和老龄化社会之时，日本如何维持“大国”的地位？日本所面对的是与中国不论在层次、性质上都不相同的严重问题。

日本如果不突破这一点，则无法长期和中国维系同为大国的关系。如果不能如此，那就好像是日本自己走下了拳击台似的。日本若想继续作为受世界尊敬的大国，那么日中关系正是其关键。问题如果不在对方，就在自己。因是之故，如何使日本重生，也是个极重要的外交问题。

进入人口不增加、老龄化社会的日本，我想，其生存之道不在于夸耀顽强的体力，而在于强化聪明的软实力。软实力的强化与否，决定日本将来的生死。总之，那就是科学技术和产业技术。简言之，唯有精研和发展技术才是日本的王道。

因此，作为国家的基本政策，应该对基础科学和应用技术的研究开发，实施大规模的投资。我认为，飞机产业必须更加强化。太空开发应该展开，同时也应该推展能够给予孩子们梦想的载人太空飞行计划。原子能及核电的能源开发，也不该落于人后。

这些产业都是前景广阔、连带效益巨大的领域。在这些领域中，以世界的顶尖水平为努力的目标，这是强化日本软实力的诸多道路之一。

再者，还有一件很重要的事，就是将日本社会打造成更容易居住、对人更体贴的社会。中国现正经历并从后追赶的正是日本的经济和社会所曾经历过的各种情况，所以中国人在日本还能有东西提供给中国的期间内，还会继续表现出对日本的敬意。希望我们能够从软实力而非腕力中找出日本的新魅力。

在剧变的世界里，日本也必须改变。日本经济，因明治维新和败战，获得两次大飞跃的机会。明治维新，产生出以财阀系为中心的企业群。败战，产生出以索尼和丰田汽车所代表的许多新企业群。因这两度的冲击所建立起来的企业群，一直引领着日本经济走到今天。因此展望21世纪末的现在，日本若要以大国的姿态活下去，则必须有第三批的企业群。

我们是否成功地给予现在的年轻一代，有如明治与昭和之时那种能产生出第三批企业群的自由活动空间呢？非常遗憾，答案是否定的。我想，日本人在日本如果无法建造这样的空间，那作为次好的方法则是“到中国来。活用中国的自由空间，飞跃吧”。剩下的时间不多了，日本应该给年轻一代现在就可以立刻发展的机会。

正确的道路是，在现在的日本为年轻人创造出能够自由发展的空间。我听过“日本的改革，是因中国的冲击而前进的吧”这样的话，的确它说出了部分真理。遗憾的是，不论明治维新，不论败战，都不是在和平时期从内部形成的自我改革，而是受到外部冲击而触发的。如果没有来自外面的冲击，日本或许不能改变也说不定。果如此，假使中国的冲击能成为“第三次黑船”就好了。我迫切希望中国的冲击对于推进日本的改革能有积极的贡献。

三、增强后的军事力量将往何处去——对安全保障问题的应对

安全保障是国家的骨干

1970年，山本七平先生用以赛亚·本·达生的笔名所写的《日本人与犹

太人》问世，书中有句话："日本人认为安全与水是免费的，但犹太人不那样想。"对我而言，是个令我眼界大开的新发现。

环观世界各地，实在找不到一个既属于古文明圈，又像日本一样安全经常受到保障的国家。日本有这样的地理位置，我想真的是很幸运。13世纪的蒙古扩张，至今仍占据了日本人记忆的一个重要位置，因为直到近世为止，日本并没有遭受其他攻击。

如果阅读世界的历史，我们可以了解战败能带给民族和人类集体毁灭性的打击。一个民族若遭到消灭，或变成奴隶，或逃往遥远的地方，无论如何都不能继续住在相同的土地上，当然也无法保持民族的纯洁。

翻开欧洲的历史，亦可知道犹如日耳曼民族大迁徙所代表的一而再再而三的往复移动，战争无边无际地延续着。例如现在的法国和德国，其形成也只不过是五六百年前的事罢了。

因此，战争与人类的诞生是同时存在的。试图抑制战争的行动随着文明的发展而出现，但同时，战争，也就是军事的世界，却也继续发展着。

在19世纪的欧洲，民族与国家结合后，才有所谓"民族国家"乃至"国民国家"（nation state）的概念出现，直到今天依然存在。拿破仑带来军事革命，想出了军事不只是职业军人的事，同时也把普通国民用于军事之上的方式。他为了把国民总动员起来，为了给予他们动机，而虚构出"国家是由一个民族建造起来的"说法，而且将国家定位为崇高的东西。由于这个做法进行得相当顺利，所以其他的王朝也依样画葫芦。统一德意志和统一意大利出现在19世纪，便与此有关。

因此，国家就是一切，为确保其安全保障，对国家来说，就变成很重要的工作。若没有国家，民族将失去居住地，自我发展的根据地也消失了。

然而，在以往的世界里，民族与国家的结合并没有那么艰难。例如，以维也纳为首都的哈布斯堡王朝，就是个多民族王朝。除了本国语德语之外，王族还必须学习当时社交语言——法语，以及被统治民族的匈牙利语。因王家的婚姻关系，导致国界经常改变。更何况在民族迁徙反反复复进行下的欧洲，即使一个民族也可以分散在欧洲各地，所以一个民族建立一个国家是不可能的。

此外还要加上宗教的不同。因民族意识受到煽动，宗教的差异被强调，使得社群崩坏。南斯拉夫是一个试图以中央政府的权威进行统一的多民族国家，由于中央政府瓦解，以致国内各个民族都想建立自己的“国家”而开启了民族间的杀戮。原因是，不论怎么划分国界，总有少数民族分布其间。这让人深深觉得，造成这种不幸的悲剧全肇因于人的界限。

因此，我们一向认为理所当然的民族国家，其实是个 19 世纪的产物。希望大家先认识这个事实比较好些。因为日本除了几乎没有受到异民族的侵略与攻击之外，又拒绝和海外交流，加上“在日本出生的人就是日本人”这种举世少有的状态。当 19 世纪被拉进世界潮流里的时候，第一次登台便直接以“民族国家”的身份演出。

如此一来，对日本人而言仿佛不存在的“国家安全保障”问题，却在世界上变成构成国家骨干的大问题。因遭受欧美列强及近代化的日本侵略攻击而苦恼、受伤，感受巨大痛苦的中国，理所当然，对于国家安全保障抱持特别强烈的深刻的想法。

20世纪50年代起到60年代呈现表面化的中国与苏联之对立，并不单只是意识形态的差异而已，另有个背景是，苏联向中国要求租借港湾。对于才成立不久的新中国而言，好不容易才将帝国主义诸国对祖国的蚕食驱逐得一干二净，岂有可能答应苏联的要求。由于遭到中国坚定地拒绝，苏联就在1959年撕毁了中苏之间有关国防用原子弹的新技术协议，更在1960年撤回所有的技术专家。

与美国及苏联等核武器大国对峙的中国，于1964年的原子弹试爆，1967年氢弹试爆成功，一举成为持有核武器的国家。中国认为，若不持有核武，安全就没有保障，自然也不可能拥有发言权。这一点酷似于1957年着手核开发、1960年原子弹试爆、1968年氢弹试爆成功的法国戴高乐总统的想法。

中国强调，无论如何，中国必须统一。若不统一台湾，中国屈辱的历史就无法终结，这是中国人的常识和共同的想法。然而从1949年到1950年，祖国统一受到阻止。阻止的是美国的军事实力。1950年朝鲜战争爆发，在朝鲜半岛上中美直接遭遇。美军展现了令中国讨厌的力量。接着20世纪60年代，正是苏联向中国施以核武力恫吓。

为了守护本国的安全免遭美苏超级大国的威胁，以及统一台湾，因此中国必须确保必要的军事力量。对中国而言，国家安全保障与确保其军事力量应有的规模等问题，从一开始就是以国家的骨干而存在的重要课题。

人民解放军的角色

中国人民解放军是由毛泽东创立、培养出来的军队。毛泽东是党的领导者，同时也是军队的司令官。介于中国共产党和中国人民解放军之间剪也剪不断的关系，就是这样来的。

通常，各国的军队都置于政府的指挥之下。在日本，自卫队也在防卫大臣的指挥之下，而内阁首相则为最高司令官。之所以采用这样的形式，是为了确保文人统治。

在中国，人民解放军是党领导下的军队。

再者，人民解放军接受党的中央军事委员会命令与指挥。换言之，一概不接受中央军事委员会以外的任何指挥。这个中央军事委员会，除当时的国家主席胡锦涛和副主席习近平以外，全部都是军人。因此，总是有个无法消除的疑念是，军方不会擅自行动吗？

话虽如此，在当代中国，对于拥有具体性破坏能力的军队和隶属于它的军人，人们一直有着本能性的警戒感。在中国历代的王朝，重视科举合格的文官而把武举合格的军人置于下位。文官指挥军队的例子，不胜枚举。在历史上，拥有军事力量的有力人士总是推翻王朝。军人若不能拥有命令瞬间下达的军队，是无法实施作战的。因此，对皇帝而言，越有能力、越能掌握军队组织的将军反而变成了一种危险的存在。为防范此事发生，皇帝转而重视直属自己、只对自己效忠的文官。这些文官，因时间和地点的不同需要，有时甚至是掌管皇宫内部的宦官。科举合格者与宦官激烈的权力斗争，是编织中国王朝史的另一根丝线。在北方谦三先生的《血泪》一书中，借耶律休哥之口说："宋朝还是文官之国。文官决定了战争应该如何。"

与中国这样的历史和传统不同，日本从镰仓幕府以来，都由武士阶级，也就是军人统治国家。军人运作政治一事，变成了日本的传统。当然，江户时代约三百年，也有不少武士变质为政治人物。他们也像中国的科举合格者一样，拥有儒学素养，也学习了中国历史。可是不能否定的是，对于“武”这件事的敬意，乃是江户文化的主要核心之一。因此，中国和日本拥有全然不同的历史和文化背景，而明白这一点对了解中国是很重要的。

中国共产党在中国人民解放军中也建立了党组织。在军事的指挥系统与政治的指导系统并存的部队里，除军事指挥官之外，必定配置政治委员，而且他们都遵从各层级的党委员会之决定。总之，军事也好，政治也罢，最后都由党管理。

由于主要的军人多是共产党员，人民解放军拥有党组织，人事便由党管理。在中国的组织里，组织的阶级和党内的阶级有联动关系。副职以上的职位，不论军方，不论国有企业，由党中央，具体地说，由党中央的组织部管辖。如此一来，党便能牢牢地掌握着军队。

不过，军事的近代化不断发展，一旦军队因从事复杂的现代战争而改变风貌，则不论军事理论，或者武器系统都变得复杂化、高度化了。也就是说，在专门化的发展下，若非军人则无法了解的领域逐渐扩大起来。譬如，信息、情势判断、政策立案、政策实施等。在军事以外的领域，包含智库的外部意见也变成一个机构，被用来反映党和政府所决定的想法。

人民解放军的任务

中国人民解放军，本来以防卫祖国和实现及维持中国统一为其主要任务。20 世纪 80 年代初期，再加上“确保海洋权益”的新任务。总之，人民解放军的任务为：第一，在现代战争中保卫祖国；第二，在其他国家利益上，目前则是维护祖国统一，以及确保包含海上交通线的海洋权益为其任务。

我认为这一点在基本上不会改变。我不敢说没有人想把一部分人民解放军打造成雄飞于世界的军队。一定会有人吧，可是如果就我的大致了解，至少在近期的未来，那是个难以实现的目标。

首先，国内的情况不容许那样做。中国的国内问题堆积如山。有关国内的课题，而且好不容易才成为中国共产党最重视的课题，所以中国马上必须做的是解决国内的问题，是把它们的严重性缓和至最小范围内。

伴随中国的经济急遽增长，中国的税收也增加起来。2009 年的国家预算为 84.8 万亿元，和日本的 102 万亿日元差不多。然而税收达到 60 万亿元，几乎是日本的 1.5 倍。

中国内政很大的问题在于社会保障的相关费用。在中国，相关费用占了预算的 23%，而日本则占 24%，几乎没有差别。但中国人口是日本的十倍，所以一个国民所受到政府的照顾只有日本的十分之一。今后，为了缓和国民的不满，那么社会保障的相关费用就必须持续大幅增加吧。

我经常用的比喻是，即使一个人只征收 1000 日元，在中国就有 1.3 万亿日元。总而言之，中国在揭橥一个目标，组织、动员、达成目标方面的能力，出类拔萃。譬如，中国举行了北京奥运会，也举办了上海世界博览会。可是假如一个人分配 1000 日元，在中国就需要 1.3 万亿日元了。由此可知，中国如果为了充实社会保障，需要多么庞大的资金呢?

中国也进入民政与军事互争财源的所谓“大炮和奶油”的时代了。中国领导部门会以相当高的概率选择“奶油”，也就是内政。现在这种时代，没有任何一个国家想借助军事力量使中国屈服，更遑论侵略中国了，因为中国军方业已达成他们应该完成的第一个目的了。中国现已成为军事大国，依现状看来，有关祖国的防卫，完全不成问题。

而且中国的领导部门彻底分析过苏联的瓦解，从中所得出的结论是，苏联的经济停滞固然是部分原因，而瓦解的原因之一是，侵略阿富汗所代表的“帝国主义的”行动。苏联过去曾合并许多国家，结果这次却必须分裂。换言之，不要成为帝国，不去做要求他国领土的行动。

另一个原因是，美苏的军备竞赛。军备竞赛是压垮苏联最后一根稻草，迫使它走上瓦解之路。中国虽然持续增强军事，但不打算重蹈苏联与美国军备竞赛而导致灭国的覆辙，我想，这样的看法应该是对的吧。

应该也会有些意见认为，中国的民族主义助长了军备的扩充，可是靠着民族主义并无法喂饱人的肚子。对于一般中国人来说，最重要的是今天和明天的生活，让国民生活安定，是中国共产党本身执政的基础。

发展的人民解放军

尽管如此，我并无意说中国人民解放军没有增强。人民解放军的基本任务虽然没有改变，但内涵正在改变，因为这些全部和中国军队的增强联结在一起。

从 1990 年 8 月伊拉克侵袭伊朗，1991 年以美军为主的多国部队攻击伊拉克并使其投降后，中国军队的现代化开始加快了脚步。

当时人民战争战略已与时代特征不符。基于同具有压倒性兵力的日本军队及中国国民党军作战的需要而研究发展出来的人民战争的战略，已受限于旧的时代，事实上，这个战略并无法克服远距离的现代战争的美军，他们那种超乎想象具有压倒性水平的装备和作战，令中国感到十分惊愕。

20 世纪 90 年代，从保卫祖国的观点看来，会对中国产生威胁的只有美国和苏联。当苏联与其后的俄罗斯正因国内问题而苦思对策时，事实上，真正的威胁就仅剩美国而已。中国过去虽然遭受美国多次玩弄，但是美国却拥有如此先进的兵力，同时采用新的战略从事战争，因此，中国军事的现代化是刻不容缓的，是必须加快速度的。

如此一来，既然有顺遂的经济发展为后盾，中国军队现代化的脚步变得越来越快。今后倘若美军的武器系统持续进步，中国也会以防卫祖国为理由，进行至少与美国平衡的军队现代化吧。这一点，也是今后中国军队需要增强的理由之一。

对军方而言，还存在着台湾回归祖国的统一问题。中国心理有着像“如果有一个在军事上不输给中国的方案，或许会驱使台湾走向独立”这样的相当严重的顾虑感。因此，任何台湾能够排除中国大陆军事性进攻的方案，中国军方若不毫无例外地予以摧毁则无法心安。

1996 年 3 月，为了对台湾地区的“总统”选举施加压力，人民解放军在台湾海峡实施导弹发射训练，更在台湾海峡南部举行海空军事演习。对此，美国派出了包括独立号航空母舰的第七舰队，并且通过了台湾海峡。此举显示了一旦发生紧急状况，美国将保卫台湾的意图。

从此以后，中方基于现实问题，对于解放台湾的行动计划不得不考虑美国的参与。总之，为了达成在任何状况下都必然能够解放台湾，就必须不让美军接近台湾，因此中国不得不采取“反介入、区域阻绝”战略。在中国军队的成长上，似乎逐渐强烈地感受到美军的影子。

此外，视为中国经济发展瓶颈的能源与资源问题已快速浮现出来。20世纪80年代“海洋权益的保护”这个任务的目标，就是为了确保海洋（包括海底）资源。中国在东海与南海活跃的行动，与这件事有着密不可分的关系。

说起中国与海洋的关系之时，必然被提起的是明朝的郑和七次大航海。反过来说，除这个以外的时代，中国历代王朝对海洋的兴趣非常低。可见，原本中国就是个对海洋没有什么兴趣的国家。可是，最近中国对海洋的兴趣越来越大，这反映出中国对海洋资源的兴趣在增加中。因此，类似海上保安厅性质的领海、经济海域之警备，以及作为其后盾的海军，他们的任务都变重了。

有关中国的军备“舆论”，也不得不说一说。中国的国民大体上认为大国应该拥有与其相称的军事力量。中国因为是大国，所以具有与之相对应的军事力量，本是理所当然。从历史的经验看来，弱国被当做傻瓜，也是因为军事力量薄弱吧。总之，国民支持增加军事力量。美中军事性的紧张关系，借助国民舆论的推波助澜，在军事实力增强的方向上发挥了作用。

当然，当“大炮和奶油”这个现实问题被强硬提出之时，中国国民会做出什么反应，不得而知。相当有可能选择“奶油”吧。不过目前，国民会支持增强军备。因此，中国的军事力量，加快了现代化的脚步，而且扎实地持续强化下去。

如何理解核武器战力的增强

核武持有国的军事力量，由“核武战力”和“一般战力”构成。

2001 年布什总统一出场，所谓新保守主义的理论便横行起来。有关核武器，比起它所带给人类的负面影响，人们对其破坏力有着更多的兴趣。甚至还有人考虑开发小型核武器，使用于一般战争中。[①]然而，除了这个时期以外，就一般的认识来说，基本上核武器是为了和对方所持的核武器对抗而保有的东西，也是为了“抑制”来自对方的毁灭性攻击，包含核武器的大量破坏性武器[②]而存在的（核武器的使用，虽有过检讨，但结果并未使用）。总之，保有而不使用的东西，正是核武器。

中国的核武器是在 20 世纪 60 年代美苏增强核武期间，为了确保本国的安危，排除万难而开发出来的。这是毛泽东的坚持。即使数量不多，但如果能够拥有核武足以到达对方所在之处，就可以抑制来自对方的核武攻击，像这样的想法岂不近似于法国之“有限的核打击理论”吗？根据这个想法，中国如果拥有若干个能够到达美国本土的核武就可以了。此外，以当时中国的

---

① 参照《论座》2004 年 4 月号登载的笔者论文《美国的“单边主义”和日本的核裁军政策》。

② 所谓大量破坏武器，指核武器、化学武器、生物武器。虽然被搭载于导弹作为攻击武器来使用，但禁止条约已经生效了。核武器的破坏力与杀伤力格外大。

国力来看，也没有能力采取除这个以外的战略了。

然而布什政权开启了“导弹防御”计划，[①] 亦即构筑新的防卫系统，将打向美国的弹道导弹在空中予以击落的战术。以过去的技术几乎是不可能建立这套防卫系统的，[②] 因此在当时，核武持有国彼此限制所拥有的防卫系统，同时彼此将对方足以毁灭自国视为确实之事，借此打消彼此发射核武之念头，这就是所谓“相互保证毁灭（MAD）”战略形成的原因。

20 世纪 80 年代，里根总统认为 MAD 战略在道义上是不对的，因为它是一个将国家原本必须保护的国民在毫无防备之下交给敌对者，并借着把国民的生命暴露在危险中以确保国家安全的战略。因此里根提出所谓“星际战争”的战略防卫构想（SDI），此构想同时也是对苏联实施军备扩充的宣言。后来虽然 SDI 本身被缩小，但是这个想法却被保留下来而为布什政权所继承。

我在外务省以导弹防卫负责人的身份，持续要求布什政权的有关人员，针对导入导弹防卫将招致中国增强核武器可能性，必须充分考虑之后再行决定。因为根据当时中国的核武器的数量与能力，美国的导弹防卫系统若把中国飞至美国的核武器数量悉数摧毁，这有可能使中国的核武抑制能力丧失作用。

---

① 布什政权的导弹防卫系统，是为了对付凭历来大国之间的核抑制战略所无法应付的、来自“流氓国家”的导弹攻击，或者核武器国家的误射而有的东西。至于核武器国家之间的关系，则基于与过去相同的、把对方毁灭本国视为确实的战略来整理。然而，在和中国的关系上，导入导弹防卫，将避免不了中国核武器的增加。

② 技术在 20 世纪 70 年代开始开发，因此，缔结限制防卫兵器的 ABM 条约（美苏反弹道导弹条约）。

中国对于导弹防卫的回答很简单，就是强化核武的残存能力，换言之，若增加其数量，便能打破导弹防卫了。为了在美国的防御下让导弹还能存活，于是借着提高其移动性，发展多弹头化以改善其性能。就算在中途被击落，但只要拥有的核导弹数量够多，必然有一定的数量能够飞抵美国。以上就是中国的答案。

总之，就是增强核武。中国增强核武的理由之一，是因为美国导入导弹防卫，针对此一事实，我们也必须从公平的观点来认识它。为了慎重起见，附带一说，对于包含恫吓的核攻击，日本则以根据《日美安全保障条约》的美国核保护伞来抑制，此乃日本安全保障的基本形式。

导弹防卫的前提是，让配置在太空的庞大系统，犹如 SDI 被称为“星际战争”一般，发挥有效的机能。中国击落卫星的实验也显示了中国具有让美国在太空不得自由的能力，也就是说中方显示出足以挑战导弹防卫系统的力量。

话虽如此，核持有国，尤其在美中俄之间，现在 MAD 战略实质上也仍然存在着。就算表面上喊着对恐怖主义的战争等等，但基本的核战略并未改变。

中国增强后的军事实力之对象

一般战争的世界，与我们的关系更深。

中国的军事费用，从 1989 年显示 15.4% 的增长以来，20 年连续对前年比呈现两位数增长。2010 年的军事预算为 5,321 亿元（约 780 亿美元），虽然增长率变成7.5%及一位数，但在名目上金额是1989年的约20倍，仅次于美国军事费用的规模。[①] 日本等国差得更多。此外，虽然欧美的研究所和主要国家的政府推测中国的实际军事费用更大，但中国政府正面否定此一说法。

这个庞大的军事预算，被投入军事的现代化之中。当然有如中方所言，在人事费用和退休后津贴等改善人民解放军生活方面也使用了不少。中国人民解放军超过260万人，即使穿单价5000日元的新军服，也要花费130亿日元。如果是1万日元，就要260亿日元。人数越多，费用也越高。可是，不容否认的事实是，中国的陆海空，加上战略导弹部队的性能，都获得急速改善。

为了从事现代战争，为了对抗恐怖主义和海盗等新威胁，这些都是必要的，而最重要的是，为了阻绝美军介入，落实解放台湾所必要的安排。无论如何，至少军方要借助这样的理论来说服中国的领导部门，才可以获得需要的预算吧。

然而以此方式获得了预算，却立刻将强化后的中国军事力量用在和台湾问题无关的方向上，这就产生了完全不同的意义。以军事用语来说，这是力量投射能力，也是对外部开展的能力。这意味军事力量刻意被强化。例如，中国主张拥有钓鱼岛，于是实施必要的立法。根据中国的相关法律，为了实

---

① 2009年的军事预算，相对于中国的703亿美元，美国6936亿美元。同年的军事预算对GDP比，相对于中国的1.4%，美国是5%。顺便一提，2009年日本的防卫预算是526亿美元，对GDP比为1%弱。（IISS“The Military Balance 2010”）。

现拥有钓鱼岛，则必须采取一定的行动。假使人民解放军发起实际的行动，对日本而言，将是很大的威胁。那么，原先以其他理由而构筑起来的中国军事力量，对日本来说，其意义就变得完全不同了。然而所谓军事安全保障，就是这么一回事。

在中方看来，人民解放军跟从政治，政治不容许军方随意行动，所以放心吧。可是，政治的想法随时都可改变。军事安全保障的领域，经常以最坏的方案为前提而组合起来的，此乃这个领域的“常识”，而且对方也根据这个“常识”而行动。所以中国应该也正做着同样的事情吧。

事实上，有关东海的开发问题，非常令人担心。中国进行着“片面的开发”，而日本则采取试挖作为对抗措施，但似乎陷入僵局。[①] 由于事情是发生在双方主张权限的海域内，如果按照日中各自的法律立场，便无法接受对方的主张。

这样的外交游戏，在维护主权的大义名分下，最后也不得不出动海上自卫队和中国海军。在现场对峙的年轻人，有着为国家而奉献生命的觉悟。然而在现场，不论为了避免因误解而与对方起冲突的方法也好，或者紧急通讯的配备，都付之阙如。这就是日中之间的现状。在这样的状况下，要不了多久双方就会起冲突吧。我曾经对中国方面说：“对我而言，即使这个过程开

---

① 在划定海洋界线时，日方采取了应该根据双方的地理中间线实施界线划定，亦即所谓的“中间线论”，而中方采取重视大陆架的自然延长的“自然延长论”。在未划定期间，日本采取双方各拥两百海里权限的立场。因此，在东海之中，挟于双方两百海里线之间的海域称为争议海域。中方采取的立场是，由于日本只能将管辖权行使至中间线为止，所以日方最大限度只能主张至中间线为止，在此线以西，中国的自由开发，没有问题。

始，我也没有妥善管理它的自信。如果没有自信，对立的过程本身就不会开始，这是关键所在。”总之，我的真心话是，以交涉设法解决问题。

因此，两国领导人同意将东海作为和平、友好、合作之海，并且同意进入具体性的商谈。双方的迫切感是很强的。就日中有关东海的一致意见来说，存在着这样的背景，亦即若不实施这个一致意见，再也没有其他选择。这个交涉，虽然非常困难，但也只有勇往直前了。反过来说，如果以此事为契机，构筑起将东海作为和平、友好、合作之海的途径，则可以说是日中外交的重大胜利。

最坏的方案与透明性

如此看来，对于中国军事力量的增大，我深以为已经到了两国应该充分沟通想法、互相商量的时候了。在 2008 年的第二次联合声明中，两国决定“加强安全保障领域的高层互访，促进多层次对话与交流，进一步加深相互理解和信任”。而且将这个一致的意见置于“增进政治互信”的项目之下，因为这个判断乃基于安全保障问题和政治上的相互信赖有直接关系而来的。

基于本国的理论，中国增强军事力量而达到今天的军事水平。今后也将继续强化下去吧。可是中国认为理所当然的事情，却带给周边诸国和世界巨大的影响，进而产生出不同于中国设想的反应。中国军队的动向早已成为不仅是日本、亚洲、太平洋，乃至全世界都应该关心的事项了。

中国达成急遽的经济增长，改变了社会的容貌，改变了人的想法，而且强化了军事力量，这些都只是在短短的 30 年间发生的。我自己置身于高度经济增长期的日本，曾经也对变化的速度感到恐怖。所有事情急速变化，为了使自己持续适应变化而在短短的时间内学习了许多事情。尤如马拉松选手，同时必须以短跑选手的速度持续跑下去，我真的很担心是否会被给予休息的时间，或者就像这样必须一辈子不断跑下去?

是否幸运或者不幸不知道，但日本经济减缓了增长速度，包括我，日本社会被给予各式各样的思考时间。然而中国以快过日本的速度发展、变化着，所以必须更敏捷地吸收知识，应付变化。中国务必舍弃旧思维，适应新想法。固然这是个严峻的挑战，也绝非易事，可是现在的中国却不得不去做。

至于对外说明有关中国的军队问题，也必须遵循这样的变化。凡是对外不能说明的，则有必要加以修正。接着必须确立的观点是，对于世界的和平与安全，中国本身将如何做出贡献，同时中国军队与这些又有何关联?确立符合追求和谐世界、不求霸权此一基本国策的观点，如果能够将此事明确地、具有说服力地对外说明，则中国军队的动向将受到世界欢迎，而且很快就不会再被视为威胁了吧。

如同一再说明的，军事安全保障的领域，是以最坏的方案为前提而被组合起来的，因此人民解放军如果不提高其透明性，对方的“最坏的方案”就会变得越来越严厉。倘若对方真那样做，中国方面定然加码以对，在此恶性循环之下，军备的扩充随之展开。

借着提高透明性，可以抑制对方基于误解和了解不足所产生的反应，而且中国也可以避免不必要的军事支出。所谓提高透明性，并非压制发展的“颈圈”，只是希望从避免不必要的军扩竞争的观点再重新审视一次而已。

出发点，正是“对话”，也就是同为穿军服人士的对话。特别是强化高层的对话，一定有助于改善对于对方的了解吧。幸运的是，日中之间的防卫交流已有强化。以相扑来说，以往双方仅摆出架势，今后则进入彼此用力抓住对方的腰带，真正大发议论、进行交流的时期了。衷心期待日中双方透过热烈的议论而增进彼此的了解。

四、继续增强的软实力——关于日中经济关系的定位

经济关系的重要性

中国拥有日本 25 倍大的国土和 13 亿的人口，这个面积与人口数目的影响力非常巨大。

第一，中国从很久以前便是世界的经济大国。在元代访问中国的马可波罗便曾惊叹中国的经济发展和成熟的模样。清代也一样仍是世界的经济大国。然而在欧洲的急起直追之下，使中国的地位逆转。

即使如此，在第二次世界大战结束的阶段，中国的经济力量比遭受毁灭性打击的日本还大。1972 年，实现日中邦交正常化的时候，两者的经济规模几乎相同。

长久以来，站在对中外交的最前线的人，并不像现在这般地意识到经济因素的地位。纵使日中邦交正常化，当时我也不认为经济扮演了那么重要的角色，但这不等于说对中经济关系不重要，或许应该说，外交人员对于改变

无邦交的异常状态寄予更大的政治兴趣。

然而，时代起了巨大的改变。所谓改变，是指信息化社会的到来，是指已化为可能的经济全球化这样的现实，而中国与全球的经济几乎完美地结合成一体了。如果不和全球经济一体化，中国就不会有今天的经济发展吧。日本经济也在全球经济之中，因此互补性甚好的日中经济也急速地逐渐一体化。这是日中经济的第一特性。

第二，中国仍处于经济发展中国家，此后在相当长的一段时间里，将以相当快的速度持续发展。虽然人们经常用 GDP 来衡量经济规模，但那就像是瞬间风速而已，并未将历来的累积计算在内。中国的累积很少，不论工厂、学校，今后都必须建造得更多。因此中国在经济发展的同时，人均所得也会随之增加，必将朝着消费导向经济发展而去。

中国，还有印度这些国家的成长今后还会持续。比起这个，我宁说因为日本人口开始减少，将大扯经济发展的后腿。对日本而言，不可欠缺的是“经济增长策略”。与此同时，必须思考如何拉拢中国和印度等亚洲的力量。从这样的观点看来，日中经济关系的重要性是很大的。

第三，作为“日中战略互惠关系”的支柱，应该将日中经济关系予以定位。在打开日中关系之新局面的可能性方面，有关战略互惠关系的重要性，我已经强调过数次。反复强调的原因是，它给了我们稀有的机会。是否能将日中关系带至新的境界，此与日中两国国民的力量有关。

日中关系的内容是基于“战略共同利益”的互惠关系。所谓“战略”，是指从长期的观点，站在广阔的视野来观察事物，并以借此观察所导出的共同利益为基础所建立起来的互惠关系，是为战略共同利益。

日中的经济关系在于互补，在经济全球化的状况下，相互的依存关系变得越来越紧密。日本在量的方面，对中依存度越来越高，中国在质的方面，逐渐提高其对日的依存度。尽管如此，这样的关系并非永远持续下去。如果为了让这个关系持续，双方的拼命努力则不可或缺。

目前，日中双方可以从强化经济关系上看出明确的利益。由于从经济关系能清楚地看出利害损益，所以是一个不需太多复杂说明的领域。在如此容易说明的领域中，作为日中战略互惠关系的具体象征之物，实有必要强化日中的经济关系。透过此事，希望两国更多的国民能体会出守护、培养战略互惠关系之意义。

因此，中方有件应该做的事，就是不要把政治和经济绑在一起。这么一说，似乎可以听到来自中国的声音，说：“在此之前，先向美国抱怨吧。不正是美国把政治带入经济之中的吗？”可是在美国，如果不使用经济的逻辑，连政治也无法参与了。此外，在美国由于规则和手续的结构很固定，所以很容易知道是谁、为了什么、想如何做。所以相当多的事情，在事前是可以预测得到的。而且在美国，不会只因为是“外国企业之故”而受到差别待遇。

让中国获取巨大利益的全球经济，是一个由经济的逻辑所支配的领域。如果让不可能预测的“政治”进入这个领域，它会变成巨大的错乱因素。据此，一旦对中国经济的评价变得很严苛，中国与世界的经济关系将会缩小，而一旦中国经济变得如此之大，也会成为世界经济系统的问题吧。显然经济还是应该采用经济的逻辑，使其首尾一贯。

尤其鉴于战略互惠关系的重要性，希望能避开“政治”的参与，把经济当作经济，让它自由发展。然而在中国这个现实的空间里，这件事情并不容易。我曾经听谷野作太郎（前驻华大使）说吉川幸次郎先生曾经说过“日本文学，以爱情为主题；在中国文学里，政治是其主题”之类的话。此外，有关中国经济如何与政治牵连在一起，在第一章也论及了。如同过去一样，中国仍然是“政治之国”。不过，经济还是必须遵循经济的逻辑。经济从政治中解放出来，对日中经济关系的发展而言，是极其重要的。有关这件事，在此还要再强调一次。

扩及中国全境的经济发展

中国三十余年间堪称奇迹的高速经济增长，并非任其自然形成的，而是中国的党和政府几经检讨再检讨，集结许多精英，数次做出政治决断而实现的。那是“改革”与“开放”，并以不断自我“改革”为前提。

此外，中国人具有生意头脑，而且是一群自古以来就知道让物品流动会生出利益的人。总之，日本人只做可以做的事情，中国人除了被认为不可做的以外，什么都做，同时也是只要有利益，就不怕麻烦的人。[①]

因此，中国的经济社会也发生巨大的变化，尤其变化的速度非常快。对

---

① 中国经济发展，导致认为如果生活水平到达某个阶段后则维持现状的人，增加起来。总之，中国也从拼命成长的时代起了变化，认为如果能够维持现在的生活即可的人逐渐增加。他们似乎对于“变化”的态度有了微妙的变化。

中国市场的投资或者进入的条件瞬息万变。简言之，中国经济与中国企业确实增添了力量，在日中的交易条件上已朝着对中国有利的方向转变。

基于“经济发展方式之转换”的新方针，中国开始朝向更富变化的方向迈进。具有中国共产党特色的做法是，定下大方针，对准目标，发起总动员，加以实现。此外，中国也确实准备好支持该方针的经济基础。

中国由于资金充裕，而将庞大资金投入经济的基础建设上，在中国各地可以见到和以往完全不同的经济条件之改善。中国全体彼此联结，相互刺激，许多地方抓住了新的发展机会。的确，在中国经济发展下，进入新发展阶段的条件已经成熟了[①]。

我访问湖北省武汉市，才知道它与上海、广东以及北京经济圈相去不远。此地的高速公路、高速铁路、机场的修建都有相当的进展。一浏览地图，便立刻明白，武汉无疑是东西南北的交通要冲。如果把整个中国的国内市场置于脑海中，就能够马上了解武汉的重要性。

其次访问河南省郑州市，又遇到同样的情况。当我在困惑到底哪一个比较重要的时候，有人伸出援手并且说，郑州离北京比较近。就地理而言，这也是理所当然的说法。其实可以描述成这样，若以上海为中心，重要的则是武汉；如以北京和天津为中心，重要的则是郑州。总之，郑州是北边的中心，武汉是南方的中心。两个城市现在业已完成所有的交通方式，如果以流通业来考虑，两者均确保了可以向中国全境开展业务的绝佳位置。

---

① 这个状况在《瞄准中国淘金潮》（财部诚一，新潮社，2010 年）一书中归纳得很好。

这只是一个例子而已。在所有的方面上，中国的经济条件确实有改善，故有能力可以去做新的发展。因此在全中国有许多巨大的规划案已在计划之中。现在传统型的开发区内，除环境、节能之外，也导入先进技术作为另一靠山。

还有不能忘记的是，解决“三农问题”的观点。中国所怀抱的最大课题是农村、农业、农民所拥有的问题，总而言之，就是如何解决三农问题。现在正计划中的大规模规划案，乃以在地方建造新的中心城市，在此安顿来自农村的移居者、减轻农村与农业的负担为目标。此外，联结原有的数个都市，设立更大的城市圈也进入这个范畴之内。

在辽宁省，有个联结沿海部分五个都市的“五点一线”经济发展方案。那是李克强副总理（时任）在辽宁省担任书记时期所提出的。辽宁省，正如同中国所做的方式一样，首先从沿海部分进行开发，然后徐徐推向内陆部分。

天津市的“滨海新区”开发计划，则美其名为继深圳、浦东之后推行的第三个国家计划。这个在天津建造新开发区的构想，是把与北京一体化的经济圈置于脑海中而进行开发的。有关其中的生态城镇，是在和新加坡制作国家层面协议书之后实施的。

与此对比的是，河北省唐山市进行的曹妃甸新区开发计划。这是一个填平相当于山手线内侧三分之二面积的土地而进行开发的庞大计划。首都钢铁所建造的一千万吨一贯作业钢铁厂，已经开始作业了。唐山市的巨大构想甚至锁定了整个环渤海湾。

山东省也不落人后，它制定了黄河三角洲地区的开发计划，正在取得中央的批准中。陕西省和甘肃省同时策划制定关中、天水经济区发展计划，业已获得中央批准。此区被假想为中西部开发之据点。湖南省的“设立两型社会（资源节约型社会、环境友好型社会）综合配套改革试验区”也获得中央认可，那是一个联结长沙、株洲、湘潭为中心的八个城市之大开发计划。开发计划除了这些以外，还有其他的。

为了响应中央的进一步将发展重点移转至环境、节能，解决三农问题与强化贫富差距之修正上所提出的一连串政策，地方也陆续提出新的经济开发计划。中国未来经济增长得以持续的关键，就依靠这些措施了。

以企业联合来挑战

日本企业从市场中积累经验，一件一件努力地做而累积起实力。以这种草根方式接近市场的态度，鼓励着个别的企业去做个别的努力。在一个行业之中，竟然还有这么多的企业生存下来，我深以为日本这个国家，尤其在制造业上，拥有非常了不起的地方。欧洲和美国的企业遭到淘汰的最大理由，在于日本企业的竞争力。日本企业发展造成其他国家企业的崩坏。在欧美，在竞争中集中为一个或两个企业，而且唯有集中后的大企业才能生存下来。

这种状况的原因在于，一方面，日本的市场是个规模舒适的市场，这一点也是不能忽略的。在日本市场，企业因为竞争而变得更强大，而且只依赖日本市场就可以生存。这个两面性虽是日本的特征，但是由于依赖日本市场即可，所以也有对外力量较弱的不利之点。这一点与韩国不同。

在日本市场所培养出来的竞争习惯，即使来到中国也没有改变。在这里，日本的每个企业凭着自己的实力拼命努力占据市场。这件事情本身是件好事，因为若无竞争，也无从改善企业的竞争力，可是和世界的大企业一起在中国市场竞争时，这样的做法是否真的有效，仍留有疑问。因为世界的大企业，仅一家便经营非常多的行业。就算对于中方的许多需求，也具有一家公司即可应付的强度。

我想，日本企业至少可以做不同行业的结合，而且也应该这么做。

试着站在中国以及中国地方领导者的立场来思考事情。譬如，假设决定提高作为重点事业的医疗水平，则有必要建设医院。既然是领导者，就必须考虑地方整体的医疗问题，而且现在任何的建设计划案都不得不将环境、节能、防灾等考虑进去。因此，举个例子，如果只为销售单一产品的空调设备而来，我觉得并不值得。所以在描绘、设计整体的蓝图这样的方式下，如果只是针对某个系统而来，实在帮不上忙。中国的领导者所希望的不是个别的销售、部分的销售，而是整体该如何进行为佳的销售，更是一种由企业团体提出整体建议的提案型之销售。

而且，如果是日本企业团体参与此事，那就更加值得庆幸了。因为医疗、环境、节能、防灾的不论哪一项，日本企业都很杰出。的确，日本企业在做决定方面显得太慢，过于慎重，可是，一旦决定的事，必然坚持到底，虽然有欠敏捷，但却能够信赖。对日本企业的这种评价，在中国已形成牢固的定见。中国方面与日本企业合伙的意愿颇强，而且这数年来变得更强。

问题在于日本方面。即使在同业之间的不同领域中彼此结合，尚且感觉不习惯，更遑论不同行业的结合。不过，这种结合行动，最近好像已有所眼见耳闻。这是应该予以欢迎的行动。换言之，以这种方式进入中国市场的时代已经来到了。

经济合作与政府的角色

在政治挂帅的中国，存在一个具有特质的市场，也就是说政府可以强力介入市场。在这里，日本企业应该以团体加入的时候到了。在中国资金很丰富，优良的投资方案有限，以致没有去处的资金流向了投机。不仅是住宅等不动产，连资源和粮食方面也有投机的金钱在里面活动着。

因此，中国希望的是技术，而且是先进技术，还有营运、管理的知识来推动经济。2008 年停止新的对中日元借款，因为中国已经不再仰赖它了，更何况中国的现况也没有必要依赖日元借款了。今后，日本间的经济合作，基本上由中方筹措资金、日方提供技术，这样就够了，而且也应该如此。某个地方的领导者说，中国采取交换技术与市场的做法，事实上，情况也的确变得如此。

因此，新时代的日中合作构想依然涌现出来。

第一支柱是，遵循中国现状，由中国出资金，日本则出技术。

第二支柱是，视技术为专利而加以保护，并且是由中央政府出面保护。因为地方政府虽然对于本身管辖的地方拥有绝对的权力，但是对其以外地区却无能为力。此外，有关日本企业对中扩张势力动作迟缓的理由，专利保护不充分是许多人举出的理由。

中国巨大改变的典型例子是，对于专利的态度起了变化。至于中国到现在为止对于这个课题到底有多认真，仍然令人怀疑。的确，有很多人拥有因自家的产品遭到模仿而哭泣的经验。20 世纪 90 年代中期，我在亚特兰大的时候，曾经听过视察中国企业后回来的人谈起他的亲身体验。当他见到中国市场充斥着该公司的仿冒品时，向中国的同事说：“应该严格取缔！”同事回答说：“因为这是一个民营企业什么都敢仿冒的国家，算了吧！”我也听过某个汽车制造商说，中国山寨版车体的汽车满街跑，虽然用尽所有方法试着去改正它，却没有结果。

中国确实持续改变着。某个地方的领导者说：“中国不得不保护专利。如果他人盗用也不取缔的话，先行投资的人就不来了。我们固然在意国际社会的批评，但是为了中国的将来而保护专利更为重要。”我想，正是如此。既然中央确立了这个想法，我认为扩及全国只是时间问题而已。

第三支柱是，有关尖端技术，不只是专利的保护方面，而且保证得有一定的市场。如果做不到这种程度，尖端技术是不会进来的。市场是自由的，因此面临的问题是，如何能保证市场的占有率，当然，假使和已经占有市场的企业合并，就可以取得市场了。此外，根据环境标准等等，身为中国政府可以推荐特定的制品，如此一来，就可以确保一定的市场占有率。

我试着将此主意推销给数个地方领导人，他们全然没有否定的反应，而且也没有不适之感。有位领导者甚至反问我说：“如果能满足这三个条件，你能找来多少公司呢？”他的话令我一时为之语塞。

就像这样，今后的日中经济合作关系，应该会变成以民间为主体的关系，事实上，也不得不如此吧。在合作之中，政府有其扮演的角色吗？如果有，又是什么样的角色呢?

答案是，有其角色，而且很大。在我的想法中，需要有象征日中战略互惠关系之具体规划案，同时它也必须是日本经济增长所寄望的东西。因此，无论如何必须是大规模的规划案，才能显现出其魅力。

在实现此事方面，虽然基本由民间运作，但我认为日本政府可扮演两个角色。一个是组织者的角色，也就是把一向不习惯共事的日本企业组织起来；另一个则是保证人，万一发生什么事，担任与中国方面商量的角色。在某个意义上，这也是一种风险分担。

有关后者的角色，有必要做少许解说。有关中国政治对经济的强力影响，在前面已经详述过了。对于官员，双方应该先设置能够与官员直接对话的架构。具有冗长科举传统的中国社会，官员是拥有力量的，所以如果只是一介平民，总有不便开口之处，因此从一开始就有必要建立起官方也能够参与的机构。

日本政府参与的方法，可以是各式各样的。譬如，在高峰会谈和大臣聚会上给予祝福也行，同意支持也行。也可能有制作同意书的情况，至于同意的程度，看内容如何而定——只要制作成足以反映其内容的文件形式和内涵即可。由上而下的命令式管理，它的好处是，在中国凡是领导者参与的案件，在往后的处理上都比较容易。如果是重视部属意见的管理方式，将会接二连三碰上所有层级都必须经手处理的诸多问题吧。由上而下的命令式管理，在这一方面就简单多了。

来自政府关系的投融资机关之资金参与，也是有效的方法。资金，若以中国负责筹措的方式为基本，即使金额再大也无妨，所以将它定位成政府参与的一个手段即可。当然，就投融资对象来说，不但具有魅力，而且如果此事就那个机构的业务来说也具有意义的话，可能导致投融资金的增加也是不错的。

总而言之，组织者和保证人，是身为政府所应该扮演的角色。有关这个方向，日本政府似乎也有所行动。

世界经济中的日中经济

提起战略互惠关系，当然是以全球的视野为前提。观点是，日中合作，对世界的和平与发展做出积极的贡献。我在北京的四年当中，见到的不仅是世界的领袖一个接着一个来访，而且确实有许多担任实际业务的部长们也来造访。不只是政治的领域，最近在经济领域上，北京和华盛顿、伦敦、巴黎、柏林，以及莫斯科等也都有频繁的接触。所以，间接从这些国家的首都听到有关中国的事情，再也不是什么奇怪的事了。

日中的政治关系如果改善，日本政府有关人员的来访也会增加，此外，从中国到日本的人也将增加。多亏这几年来，日中政府层级的意见沟通特别有进展。

诚如前述，根据中国国内的事情或世界经济情势的变化看来，虽然中国对日本的兴趣变得越来越浓，但还称不上是主流。在中国舆论宣传下，开始见到些微的倾向，我想，这应该是对状况的正确描述吧。在中国，提起有关经济合作，欧美，尤其美国的存在感是很大的。在中国，我也曾经听过“在科学技术的领域上，美国持续领先，德国正挑战这个地位。啊，别忘了，还有日本喔”这种或许是真心的说法。

在金融领域或许可以，在科学技术的领域上日本还未被视为主流，情况恐怕真是这样的吧。代表日本的丰田汽车发生了召回事件，令人有种在日本的技术体系上抹上一层阴影的感觉。中国本身，该怎么说呢，总之，为自行开发的系统而努力的案子逐渐多了起来。例如，高速铁路就不采用日本新干线的方式。当然，从国铁时代起，日本便持续与中国技术合作，所以车辆也因执照契约之故而使用日本的东西。然而，如今的中国已变成一个在世界市场上与日本竞争的国家了。在中国，甚至连“轻视”日本的科学技术和日本的做法这种令人介意的话语不也出现了吗？

事实上，这只是许多复合面向的一部分吧。我也遇过许多中国人对日本技术做出很高的评价，尤其来自科学技术专业的人们更是如此。目前中国的状况，虽然在“政治”上重视与日本的关系，但是在“经济”方面还没有赶上吧。

即使如此，我认为，是日本没能替自己做好公关。再次让我们认真考虑有关日本软实力应有的模样。日本这个国家，日本人这种人都很不擅长自我宣传。谦让固然是美德，但是在世界这个平台上，至少希望能够把自己按照“等身大”推销出去吧。

外务省的同事，以研修干部的身份在美国的智库完成研修，他们强调美国人做简报的功力令人印象深刻。我也这么认为。在美国如果想开始做些新的东西，也会进行“脑力激荡”。这一部分和日本没有什么不同。各领域的专家，就只是随心所欲地畅谈。与日本不同之点是，坐在角落的年轻职员，将这些汇集起来，整理在简报用的纸张上。而差别在于能力，一种在天马行空的话里，加进自己的思想，建构自己的逻辑，成为自己的提案之能力。如果能像这样，日本也能够多做一点自我推销吧。

还有必须持续磨炼软实力。如果没有这个，对中国而言的日本，其存在感也没有了。不只是中国，对于世界的存在感也将逐渐消失吧。希望这件事大家能谨记在心。

有必要增加和中国的对话及交流，好让日本多为人了解。目前，我觉得日本受到过低的评价。当论及有关世界经济应有的状态，叙述有关亚洲经济一体化的处方时，应该热烈讨论的是有关日中如何在其中相互合作，促使彼此经济的发展。而最重要的是大局观，是阐述自己的主张。

即使说到亚洲经济的一体化，其基础仍在日中经济的一体化之上。果如此，有关投资保护协议之修正及自由贸易协议（FTA）的会谈，迟迟没有进展的现状与落差，该如何说明？这需要更多智性的努力和政治的推进力。我们应该想的是，根据这些协议的实现程度可以测试出我们对此课题的认真程度。

有关与东南亚联盟（简称东盟）的关系，无妨在日中之间做更加活泼的讨论。同时日中应共同认识到，此一关系的重点不是在日中之间该如何，而是政治中立、安定且繁荣的东盟之存在，不只对日中，而且对整个世界都是最好的，因此，有关如何支持东盟的成长，日中可以好好商量。有关这一点，日中湄公合作协议已经开始，此举表现出了双方的自信。

世界的经济体制也有必要修正与强化，换言之，将成为战后世界经济的基本架构，领导其发展的IMF世银体制予以重新改组。WTO也必须持续改善和强化。中国经济的现场，给了我们许多对于此事的暗示。而时间已来到日本将和WTO的多边、中国的双边做有机结合，编织出日本整体WTO政策的时候了。

日本应该更彻底地思考许多问题，并且开始和中国之间作广泛且深入的讨论。这是日中战略互惠关系的实现，也是为了赋予中国“等身大”的日本印象，以及使战略互惠关系得以长期延续的条件。因此，我们必须努力解决今日的问题，同时构想、实现明天的事情。

五、经济与安全保障的双轨途径

经济与安全保障的矛盾

日中经济关系虽然具有这样的来龙去脉，但是基于中国对外膨胀的行动及中国军队的增强，有些意见要求对此关系应该予以限制或者不得不加以限制，这似乎也言之成理。因此，经济与政治安全保障的关系，该如何处理才适当呢?

在2006年我到中国工作之前的日本，充满了对中国警戒的声音。由于对中经济合作有助于增强中国的军事力量，所以也有人甚至主张应该抑制对中经济关系。四年之后，中国经济在世界经济的发展上所占的地位也产生了巨大变化。就有关日中经济来说，由于双方的互补性很强，为了让日本经济发展，也不得不强化和中国的经济关系。

客观看来，除了推动对中经济关系之外，并没有其他选择。在全球经济之中，日本企业也在全世界与其他的同业竞争。如果日本在中国市场上落败，势必立刻影响全球的竞争关系，很明显这对世界市场也是不利的。因为日本企业必须凭借在中国市场所获的利益，以便和更强的对方作战。进一步说，日本企业若不走出去，这个空间将被欧美企业或韩国企业占领。事实上，不论日本如何反应，中国的经济都将持续发展下去，简言之，支持中国军事力量的经济发展是不会因为日本而停顿的。既然这样，那结论就是经济关系应遵循经济的逻辑，亦即日本应该推动日中经济关系才对。

当然，这不意味着一切只依靠中国，而是说应该在日本的全球经济战略中，给中国经济一个明确的位置。在这样的经济战略上，基于现实的需要，中国经济非常可能占据了相当大的分量，万一中国将政治带入经济之中，则日本就不得不降低中国所占的比例，世界的其他国家也必然如此。

军事安全保障的领域基于和经济完全不同的逻辑而成立。以经济的理论无法区隔军事安全保障的领域。这个领域唯有采用军事安全保障的逻辑来回应。总之，作为一个国家所该做的，是设定“最坏的方案”并冷静透彻地观察、分析对方的动向，谨慎采取必要的对策。中国军队的增强将持续下去，一旦此事影响到日本的国家安全时，日本除了采取国家适切的因应措施以外，别无选择。

1979 年，北大西洋公约组织（NATO）为了对抗苏联配备在欧洲的中程核弹，一面持续进行交涉，一面决定导入美国的中程核弹。这种做法被称为“双轨决定”。我仿照它而提倡“对中双轨途径”。

总而言之，经济关系顺其必要淡淡地发展。军事安全保障，则遵循军事安全保障的逻辑谨慎回应。冷静观察中国军队的动向，避免不必要的摩擦，同时建立危机管理的机制，一面强化对话，一面采取国家安全上的必要措施。我想，就是这样的做法吧。

当然，两者的主张会因时间与状况不同而产生矛盾、对立。在这一方面，“政治”和“外交”必须扮演重要的角色。站在全球视野的战略——将日中经济关系视为对日本最有效又安全的关系——以及实现此战略的政策和力量，都是必要的。提高日本安全保障的确定性，同时将安全保障所需的成本限制在最小范围的战略，也是必要的。另外一个必须面对的课题是，策划、制定及实施能够在这两者之间取得平衡，使对日的利益最大化的总括性政策。在此之中有着政治和外交的重大角色与任务。

“对中双轨途径”是目标所在

对于我这样的意见，或许也有人感到不舒服。尤其在中国，有这种感觉的人或许有很多也说不定。由于军事遵循政治，总之，军遵循党是很理所当然的，对此事的考虑不充分会造成不舒服的感觉。

的确，在目前的中国，人民解放军是党的军队，也是党的组织。在军中，军人被彻底教育必须遵从党的领导。当政治提倡和平发展之时，军方应该不会做出与此不同的事。这是中方的理论吧。

可是，军事安全保障的问题不能光靠政治论来处理。且举一例，中国宣称不使用核弹于先制攻击，同时也宣布不对非核武国家使用核武器，因此有个意见是，希望日本就此安心。对此，我用以下的比喻，来说明这个意见的问题点。

且说有两个人，其中一人带着刀子，一个没带。带刀的人一边将刀子藏在背后，一边说："这个刀子，由于不针对没带刀子的人，所以请放心。对了，希望借一点钱给我……"结果，没带刀的人把钱借了出去。这就是所谓的核恫吓。实际上，即使不真正使用核武器，亦有核恫吓的效果。至于对抗核恫吓的方法，若非自己拥有核，不然就是依靠有核国家，就这两条路。中国选择了前者，日本选择了后者。

在军事安全保障上，各有自己的理论。日本选择与美国结盟。假使根据日本战后的状况来看，有着"强制"大过"选择"的倾向。确实有这样的面向。然而客观地说，这是个正确的政策，当拥有这样的了解时，它就变成了"选择"。在大多数日本国民支持日美安全保障体制的今天，的确应该把它视为日本国民的"选择"。

在第二次世界大战结束的同时，东西冷战结构也形成了。在苏联这样强大的国家面前，日本若不与某个国家联合便无法活下去。这是幸运，还是不幸？日本因为受到美国占领而没有进入苏联圈内，所以加入美国这一方。

中国的军事动向，此后有必要严加注意，因为中国军队也仍然按照军方的逻辑、军事安全保障的逻辑而行动。迄今，中国仍主要是以国内的要素来决定军事力量的水平。即使它不和美国对抗，无论如何也必须达成阻绝美军介入的目标。如果中国想彻底达成此一目标，的确会发展到与美军全面对抗的局面。

1905 年，日本在日俄战争中一获胜，美国海军就提出“对日橘色作战”。那是假定在太平洋与日本海军发生冲突的日子必然来临，所制订出来的计划。目前，美军并不打算订出对中军事作战计划，但是对于中国军队的动向明显地变得非常敏感。

中国人民解放军因为背后有急速增长的经济支撑而变得很强大。这个强大的军队该往何处去呢？看起来中国本身似乎还未做出决定。依照中国成为世界大国暨强化世界性之分量感的原则，并考虑国内的各种要素所推行的中国军队之建设，如今已来到关键的转折点上。如果站在不光是国内的各种要素，以及亚洲、太平洋，乃至世界的和平与安全这个观点上，中国今后将制定怎样的军事战略和整顿军事力量呢？

在这个过程中，不论日本或美国，以及世界上所有国家都应该积极与中国对话，以传达自己的想法。我相信中国会想听这些话的。

外部的世界充满阴谋，希望中国维持衰弱的状态，因此一有机会，便扯中国兴盛的后腿，阻止中国成为真正的大国，然而以上的想法都错了。中国已经成为令世界敬畏的存在了。纵使还有国家想扯中国的后腿，但是中国已经成为杰出的国家，所以这样的想法难以实现了。中国必须好好认清此一事实，并建立新的世界观。与此同时，对人类的发展做出贡献的机会也再度来到中国之手。希望不仅对中国史而已，有关对于人类史的责任，中国也必须深思才是。

世界也应该倾听中国的声音，一起努力扩大共同的了解和利益。唯有透过此事，彼此的对话过程方能成功，而“和谐世界”也才可以期待吧。

即使只取日中关系这个面向，至少到那个过程结束为止，日本和美国的同盟关系仍是必要的。在那之后该如何，到时再考虑即可。虽然不是某一领导人的说法，但不妨就“交给下一代吧，他们一定可以做出比我们更贤明的决定”。

首先，只针对在东亚也应朝向建立多国间安全保障机构的方向谈一谈。在欧洲成立NATO的原因是，对没有特别的大国且具有共同文化和历史的国家群而言，苏联是个明确的共同威胁吧。或者是，若不互相协助便无法与苏联对抗，所以把美国也拉进来，彼此结合成一体。在环绕东亚的地区内聚集了足以保护本国安全的军事大国，譬如美国、中国、俄罗斯。其次，东亚并不存在共同的威胁。因此，把在欧洲的那套经验一成不变地移植到亚洲，是不可能的。不过在这个地区内尽快建立有关军事安全保障的对话习惯，还是比较好的。我很早就认为，处理朝鲜问题的六方会谈在达成任务之后，应该被保留下来作为建立此地区整体和平与安定之机构。设置作为六方会谈的正式架构之一，有关“关于东北亚的和平及安全之方针”的讨论平台，是具有启发性的一件事。

两国政府应遵守的规则

日中战略互惠关系固然拥有一定的内容，可是在到达两国关系安定为止的这段期间里，在某个程度上两国政府应该遵守必要的、最低限度的规则。

这些规则是在处理靖国神社问题的过程中，两国政府所学习到的东西。

第一，不可因一个外交案件而把整个两国关系当做人质。国与国的关系具有相当的深度和广度，而那个整体就是两国之间的关系，更何况日中关系的广度与深度特别不一般。各自的国家利益，乃是整体的；和个别之外交案件有关的利益没有理由凌驾于整体利益之上。应该遵守的第一条规则是，不让个别案件影响两国之间的全盘关系。

第二，维持高层级的对话。有关靖国神社问题造成日中关系紧张，高层级的交流也因而疏远了。如果高层级的交流少的话，在它下面的层级之交流也随之减少。由于越往下层，“政治判断”变得越难，所以始终只能做原则上的应对而已，此举必然招来对对方的不信任，使得彼此的猜疑心越来越重。因此，彼此确认唯有透过高层级人员做率直的意见交换，同时相互确认、商讨两国关系的大局，进而解决问题，这样做才具有重大的意义。即使彼此的主张不断冲突也无伤大雅，不过高层级人员必须经常确认双方所重视的战略互惠关系，以及往前推进的决心。如果没有高层级作为后盾，只是事务层级的交流并无法推进两国的关系。要知道愈是危机时，高层级的交流愈不可缺少。

第三，业已制度化的交流，不可停止。虽然为了不让双方交流中断而加以制度化，但倘若随时遭到中断，便失去制度化的意义。在日中关系中所学习到的是，“虽然中断很容易，但为了重新开始，则需要庞大的能量”。如果正确了解日中战略互惠关系的意义，便很容易明白不让交流停止的重要性。

第四，有必要尽快扩充与创设危机管理机构。日中关系的主题，即使到现在还很容易成为国民情感的俘虏。此外，刺激国民情感的问题一向都不欠缺，而且个别具体的案子，简简单单地就可以发展成日中关系上的重大事件。因此，有必要建立一个机制，在事件未发之前，尽可能不让它发生；事件既发，则能够按照规则低调地加以处理。在处理时重要的是现场的危机回避手段，甚至在隔天也必须能够立刻完成，以免事态扩大。

第五，以日中战略互惠关系为前提的想法是，同样身为世界大国对亚洲乃至世界的和平及发展具有重大的责任，有鉴于此而建立积极有成效的日中关系。日中两国已经向世界表明这个想法，并有两国首脑签名，而且以联合声明的形式发表了。日中两国向世界表明的这份“公约”所具有的分量，有必要再一次细心体会。遵守此一“公约”，就像一个世人都看得见的气压计，它显示出国家本身的约定具有多少分量，以及作为国家的信义又能被遵守到什么程度。

有如一再强调的，尽可能地让许多国民支持这个想法且付诸行动，如此方能决定日中战略互惠关系的生存与否，因为战略互惠关系不能只是个口号而已。希望我们有着站在重要的十字路口的迫切感。理由是，这件事在国民层级的相互了解上显然是很重要的。

六、深化国民层面的相互了解

改变风貌的社会

过去日中关系是翻弄国民情感的外交关系，因此希望人们能够理解国民层面的相互了解是何等重要。然而在日中双方，国民社会的风貌已经改变。

在政府的运作下，2001 年 4 月实施《信息公开法》，让人强烈感受到日本也终于进入“成熟民主主义”的时代。换言之，政府的一举手一投足，全部置于国民的监视之下。从此以后的原则是，政府做的事情则必须能够向国民说明。这不是什么特别的事情，在先进的民主主义国家里早已存在了。由于日本可以说也差不多赶上了，所以我采用“成熟民主主义”这个说法。

担任冲绳大臣的时候，我曾经对驻冲绳的美军军官说：“日本也变成和美国几乎相同的民主主义国家了。和美国政府一样，日本政府所能做的事情是有限度的。在美国不能做的，在日本也不能做。最重要的是，国民的意见。”这是我直率的感想。

日本能够实现这个“成熟民主主义”，是因为国民生活水平改善，同时教育普及和信息化社会发展，所以才有可能成真。日本的大学入学率从 1989 年的 24.7% 上升到 2009 年的 50.2%。国民的高教育水平提高了国民的知识和理解力，进而要求质量高的政治与行政。

信息化社会也急遽发展。日本的网络人口超过七千万，亦即人口的六成使用网络。日本大众传播的力量也很强，就迄今的经验来说，一旦泄漏给大众传播，所有的事情就全都暴露在阳光下。当大众传播瞄准目标之时，其力量是非常可怕的。接着是《信息公开法》的实施，因此必然进入要求透明性与说明责任的时代，同时也是国民舆论左右外交的时代。

在中国，对于党和政府，国民的声音也变得具有更深一层的影响力。这也与中国高等教育的普及有着密不可分的关系。譬如，中国的大学入学率，

20世纪90年代初期虽仅有约2%，但1998年已有6%，2008年则急升至23%。国民的教育水平大幅改善，因此中国的领导者所面对的正是这样的一群国民。

此外还要加上网络的普及。在2009年，中国的网络人口约达到4亿。大约三成的国民使用互联网，而出现信息和知识瞬间传播至整个中国的局面。现在，中国国民对于中国和世界的知识水平提高得特别多。

例如，最近频频发生劳动者为提高工资而罢工。罢工的背景在于知识和信息的普及，年轻一代的农民工对事物的看法改变了。现在的一代主要是为了自己的生活，而非为了补贴父母而工作。从在偏僻乡村只有极少收入的时代转变成有一定程度的收入的时代了。年轻人没有必要勉强前去遥远的沿海地区，如果前往沿海地方，那是因为自己想过更好的生活，然而最重要的就是薪水。如果和其他公司比起来薪水较低，现在的年轻人甚至会罢工抗议。

日本在不久前经历过的许多事情，中国在短期内将接二连三地体验到。这是物质文明的攻势，是传统的动摇，是价值观的多样化，是社会的激变。这样的社会容易变得不安定。像这样的变化，所有的国家在经济发展的不同过程中都经历过，并非只是日中的特殊状况而已。即使在美国，过去的“终身雇用”曾经也是理所当然的事。我在美国听过这样的话——如果孩子换工作，担心的父母会说：“难道闹出什么不规矩的事吗？”比起美国，日本在更短的期间内经历了这些变化，只是中国被给予的时间又更少了而已。

然而社会变得容易不安定，也是必然的。日本社会的确处于安定中，没有理由发生暴动，也没有理由造成示威频频。不过，社会对于事件与新闻的反应，充斥着不满，而且反应变得容易激动、动摇。我们看不到成为核心的价值观，也找不出成为核心的社会动机。万一有事，一触即发的可能性正蕴藏在其中。

中国社会存在不安定。虽然打破中国的旧传统，但是在尚未成功地建立新价值观之时，偏又遭到物质文明如怒涛般的袭击。在变化快速的社会中，中国有少数人还不能完全适应。那种认为借着富足起来问题就能解决的时代，早就过去了。即使富足也无法解决的问题，不仅非常多，而且又从其中产生出新的问题。

国民层面的相互了解有可能吗？

2010 年，“言论 NPO”与中国日报社合办的第六届日中联合舆论调查给予我们许多启发。对日本拥有好印象的比例，在中国达到 38%，与前年比，增加 5%。相反的，拥有坏印象的比例，降低 10%，成为 56%。这个数字，在某个程度上，和我在中国的亲身感觉一致。

可是，这个调查同时也显示出，在日中的交流和相互了解上还有许多应该克服的问题。其中之一是，对于“在日本国民之中有朋友吗”这个问题，中国方面仅有 3.6% 回答说“有”。另一个是，针对“是否去过日本”的问题，回答“去过”的只不过 0.6% 而已。第三点是，大众传播和出版物乃是知道日本事物的主要信息来源。

借着信息化社会的到来，许多中国国民似乎变得比我们想象还更知道世界和日本的事情。在这一点上，由于近年中国政府重复采取较为平衡的对日报道政策，所以才产生出这样的结果吧。不过，这也显示出一个紧急的课题：将相互交流的扩大，以及作为主要信息来源的大众传播、电视剧、电影、出版物的内容做成更正面的东西。

但是，日本的对中观变得更为严格也更困难。对中国的印象，“好”的占 27% 左右，“坏”的占 72.3%，没有什么改变。这个坏印象，是出自 14.5% 声称“去过中国”的人，以及 18% 声称“有中国朋友”的人的回答。95% 的日本人从日本的新闻媒体获取信息，而其中 80% 的人回答说，他们从电视获得最多的信息。

日方提出的问题点是，人与人的接触增加是否就可以解决问题，这也是电视报道所持的观点。

首先，从新闻报道的立场看起吧。譬如，看一看 2008 年中国饺子中毒事件。从这件事可以看出与中国所见与日本相当不同之处。日方始终把这个问题当做食品安全问题来掌握，而不强调刑事案件的方向。中方则从很早的阶段起便将此事当做刑事案件来处理。

公平地掌握双方的方向，以显示事件的整个模样，是有必要的。虽说有若干事情尚未厘清，但中国有关部门很早就召开了记者会，其内容大致说“在中国混入的可能性很小”。我认为，对与日本国民的关系上，这是个最糟糕的记者会。不过，在几乎可以断定是遭混入毒物的阶段时，刑事案件的方向转强，尤其当食品安全检查基准和工厂方面均被认定没有问题之后，更是如此。刑事案件和食品安全问题，全然是不同性质的问题。就算在食品安全上没有问题，仍然有可能发生刑事案件。恐怕没有日本人把森永千面人事件认为是食品的安全问题吧。

然而中国饺子中毒事件在日本一直被当做食品安全问题报道。在日本原本对中国食品的批评就相当多，况且中国食品还发生过好几次大问题。“又是中国吗？”这句话应该是日本国民的直率反应吧。对于食品安全问题，日本国民敏感地发生反应，抱持着关心，也是理所当然的，因此，当所有报道全集中在食品安全上，而把解决包括食品的刑事案件本有的困难置之不顾时，对中国做出了比实际更糟糕的描述。

我们也在各层级上主张“日中之间的诸多问题，在有所关心的人之间固然是重大问题，但是像饺子事件却带给所有的日本人，尤其对日中问题不太关心的人，对中国的负面印象增加。这对于日中关系的打击是深刻的”，并强烈要求善待中国。胡锦涛主席和温家宝总理，也基于日方首脑的反复要求，始终对这个问题保持着关心，并直接督促相关单位处理此事。到了2010年，犯人遭逮捕、起诉。此事件被当做刑事案件处理。

在我卸职之前，接受中国《环球时报》的采访。针对大众传播之功过的质问，我回答说：“大众传播报道的特性是，严格地切下事物的一面，并强调这个方面，然后传达给视听者和读者。然而事物通常很复杂，光一个方面并无法将全部的事情说尽。应该记在心中的是，除此以外的方面也加以报道，让国民有各种机会去观察事物。我想，这是报道的责任。”

另一个疑问，亦即如果增加人与人的接触，能够解决问题吗？这是一项对日本人本质上的挑战。对中国而言，也是一个当更多的人去日本并有了日本朋友之后的挑战。即使阅读“言论NPO”和《中国日报》的联合舆论调查，亦可知道访问对方的国家，而且在对方国民之中有了朋友，以及对于对方的印象这两码事并未显示出直接的关联。如果能够看出明确的关联，那么借着人与人的交流与接触，便可解决大部分的问题。

然而，世事没有那样简单。2010 年，NHK 与韩国放送公社联合举行的舆论调查，证明了此事。根据这项调查，62% 的日本人对韩国抱着好感，但韩国人对日本具有好感的仅有 28%。各家报道机构的调查结果形形色色，或许不应该因为这个调查而一喜一忧，但这也是相当具冲击性的，因为在思考日中关系之际，我们的前提是，如果人们自由往来，当接触机会变多，而增进相互了解后，好感度也会随之提高。

日本和韩国之间无须签证便能交流，而报道的自由原则上也受到保证。2009 年，日本到韩国访问的有 305 万人，韩国到日本的有 159 万人。年轻人文化也互相浸透，日本的韩流热潮，在韩国也受到广泛报道。韩国人到日本来，原因应该是韩国经济发展，国民所得提高，恢复国家与民族的自尊心，所以变得有闲情到日本来旅游访问吧。

话虽如此，舆论调查却是这样的结果，由此可见，想和不同国家及其国民建立起相互的了解与信赖关系，正如实际的例子所显示的，是个非常困难的课题。

朝向国民层面的相互了解前进之道

不过，我们不能因此便舍弃互相了解、互相信赖，以及互相尊敬之道。我们永远是邻国，唯一的道路就是和平共存。任谁都知道，最佳的选择就是能彼此合作，找出建构繁荣之道。朋友可以选择，但邻国却无法选择。在欧洲也是经过数百年的战争后，才终于成功地创造出那样的邻国关系。

我一直认为，透过日中的相互了解，产生相互信赖，终能达到相互尊敬的地步。虽然看起来太天真，而且是个很容易被视为理想论而遭放弃的主张，但吉川幸次郎在前书《关于论语》里面说，孔子是温和地宣讲“知道人的希望，同时也知道人的限制，即便如此仍应朝着希望前进”的教师。在知道有那种限制的存在之后，但为了增进相互了解所应该做的事情，每一件都尝试去做，我想，就是这么一回事吧。

透过个人的经验，我强烈地感觉这件事是可能的。在 20 年之间，直接处理和中国有关的事，而且住在中国 10 年以上，还有能够运用中国话这个特殊的理由，我认为在国民层面方面也必须打开相互了解之道。试想，原本连在夫妇之间也不可能有完美的相互了解，如果两国国民彼此可以有相当程度的了解，那就太足够了。

我确信相互了解是可能的，第一个理由是，大多数日中两国的人都已认识到和对方国的关系很重要。倘若回到先前的“言论 NPO”与中国日报社的联合调查，在日本有 82%，在中国有 93% 的人是这么认为的。如果认识到对方存在的重要性，就会想去了解对方，那表示有着强烈动机想去知道对方的事情，这也可以说是个最重要的因素，因为即使把马拉到水边，如果它不想喝，就不会主动去喝水。

第二个理由是，因为日中两国国民的接触增加与交流的扩大，原本在各自内心里的对方之形象会确实地接近于“等身大”。常言道：“百闻不如一见。”我不知见过多少次，当中国人去过日本和见到日本人之后，整个对日形象立刻产生剧烈的改变之类的事情。

尽管如此，也不见得全是好事。造访中国的日本人，对于中国人不排队、大声讲话，不禁皱眉头；对于当地的导游只会把人带去礼品店，吃不好的食物，也觉得很生气。不过，这也是为了朝“等身大”前进的过程中的一个步骤。经历过奥运，北京人的公共道德大为改善，对此也有日本人说，令人回忆起东京奥运时的情景。如果中国的实际状态改善，而且如果知道中国正在改变中，日本人对中国的印象也会随之改变的。

若与对方接触、交流、交谈，则相互的了解就会增强。起初虽然是表面的，但往后了解会变得更深入。除了使用这个地道又牢靠的方法之外，没有其他方法可用。

“言论 NPO”与中国日报社的联合调查，也出现令人不快的数字。针对是否想去对方国的问题，在日本有 47%，在中国有 55% 回答说“不想去”。不限日中，在任何国家都有不想去外国的人，也有因各种因素而去不成的人，可是这个数字显然过高。事实上，如果不去对方国，则连了解也无法开始。不过，由于日方不想去的最大理由是“安全、卫生上的问题”（65%），而中方的理由是“语言不通”（70%），所以这些似乎不是什么打不破的障碍。

第三个理由是，中国的确在改变。其中一点是，中央的方针已定，不管内外，只要在不引起社会剧烈变化的范围内，这个方针今后仍然持续下去。虽然中国政府对于管理中国社会煞费苦心，但即使如此，仍拥有庞大的权力。中国政府，如果能以此方针处理和日本有关的事务，中国的变化会变得更清晰吧。

另一点是，日本和日本人在中国人心中的形象开始改变了。成为改变契机的事件，有若干项。其中有件事情的影响很大，而且其巨大程度远远超乎我们的想象。此事我从中国人口中听到不少次。虽然这件事也和当局的报道方针有密不可分的关系，但如果中国没有积极报道日本的方针，也不会产生如此重大的影响吧。

2008 年 4 月的四川大地震之际，被派遣到现场的日本国际紧急救援队伍——救助团队与医疗团队——给予中国国民的日本印象是激动人心的。那不是在风雨中恶斗苦战以推进工作的模样，而是救助团队将所收容的母女遗体放入袋里，隔着它，队员两列并排静肃默祷的样子。此情此景被视为最具象征性的场面而在电视和报纸上大肆报道。某个报纸的头条写道："在这次地震的许多牺牲者当中，最受到敬重的母女。"重视人命，由衷哀悼死者的日本人之心意，掳获了中国人的心。

其次，在 2008 年 8 月的北京奥运开幕式中，参加入场游行的日本队伍全体人员都拿着日本和中国的国旗。看了这个画面的某个中国朋友感慨良多地说："在所有参加奥运的国家中，向东道主国表示敬意的只有日本而已。"后来，我还听了好几回相同感想，其中还包括了中国的领导者。

以这样的态度来看日本，当可明白 2007 年 9 月日本女子足球队在中国出战德国，虽然在中国观众的嘘声中输给德国，但仍然举起写着"谢谢 CHINA"的横布条表达谢意之意义了。虽然在当时的网络上有人写出"不要被日本的宣传迷惑了"之类的话，但后来日本女子足球队的行为获得了正当的评价。日本乃是“礼仪之邦”。

“礼”，即便在孔子的教育中，也是非常重要的。它也有借着保有形式，使人性得以维持和发展的意义在内。“日本拥有中国失去的‘礼’”“日本是‘礼仪之邦’”，日本被说成这样，令人感到非常不好意思。在中国，因为“文化大革命”运动，传统文化受到极大的打击，连价值观也不例外，当中国人看到日本人的日常动作之时，也可以感受到“礼”的存在吧。

这些事情对于那些对日本人抱着刻板印象的中国人来说，是个惊天动地的事件吧。唯一能确定的是，它迫使中国国民在日本和日本人的形象上做了大幅的修正。

强化地方的交流

日中交流的历史很长，可是在冗长的时间里，仅止于知识阶级的交流。同是双方国民大规模的相遇，则透过战争。至于和平时期国民层级的大规模交流，不过才刚开始而已。

日中和平时期的国民交流，真正开始是在 1972 年邦交正常化以后的事情。最初始于地方之间的交流，最早开始的是，1973 年的神户与天津，其后数目逐渐增加，现在算起来有 240 次。长期以来地方交流便一直持续着，现在发展为支撑日中关系的支柱之一。

凡有地方经验的领导者，再以领导者身份回到中央的重要人物也都特别重视这种地方交流。那些本来在地方经常会面的人，一旦调到中央位居要津，即使身为大使的我平日也很难见到。习近平主席，就是从福建省和浙江省的领导者被拔擢到中央来的。长崎县与福建省、静冈县与浙江省具有友好姊妹县、省的关系。我借着列席习先生与当时的长崎县知事金子原二郎及静冈县知事石川嘉延会面的机会，才能够和他见面。此外，李克强副总理（时任）则经历辽宁省书记而居于现职。基于这样的关系，在列席李先生和富山县知事石井隆一会面之际，我才能遇到他。在这样的会面地点，中国未来的首脑也能够回到地方领导者的模样，显得比较能够放松心情。

再者，从中央派遣到地方的首脑，会定期地调动，而在地方工作、生活的人则留在当地。许多这种当地派的人士和日本的地方人士之间有深厚的关系。十数年前的公使时代，宁夏回族自治区的人为了想生产葡萄酒而来找我商量，当我对他们说："那么，试着和山梨县谈谈吧。"马上有个人坚持说："岛根县也有好的葡萄酒。"他去过岛根县，所以也知道有关岛根产葡萄酒的事情吧。我孤陋寡闻，不知道宁夏与岛根有着姊妹县、自治区的关系，因而搞错了方向。

宁夏人对于岛根有着很强烈的期待。基于 1993 年缔结友好姊妹关系之协议，岛根县派人到宁夏，而且确实创办事业接受来自宁夏的人。在 90 年代末期，彼此已经发展出有如我所体验到的热烈关系。此后 10 年，两者的关系又有进一步的发展。这层关系孕育出宁夏人对岛根的期待，也转为对日本的期待。

在职期间，我到各处访问，经常遇到让我勇气倍增的事情。相当多的外事办公室主任都是学习过日语的人。在河北省第一大医院的河北省人民医院，毕业于信州大学医学部的人占了很大比例。在湖南省，滋贺大学毕业生很吃得开。在山东省，常常遇到在和歌山大学读过书的人。这些都是友好姊妹县交流的成果。

另外，在各个地方，日本留学团体也很努力。地方对于日本的存在感，超乎了其他国家。就是他们这些人不但扮演着日本与中国之间真正的桥梁角色，而且也做出了卓越的贡献。今后，在支持他们所做的工作方面，还有必要逐渐扩充下去。

即使在中国与诸外国所进行的地方交流当中，在许多地方居于首位的都是和日本的交流，而且交流的时间也很长的人。地方对日本的存在感，比我们想象中的大了许多。对日中关系而言，地方交流是贵重的财产，也是沟通想法的贵重管道。

话虽如此，最近日本地方自治体的财政吃紧，因此成为最先削减对象的就是与外国的交流预算。在相互依存的关系进一步扩大、深化的 21 世纪，当日本国民，特别是年轻一代具有出外阅览广阔世界的气概变得越来越重要之时，倘若削减支持地方交流的预算，是很可惜的。对于地方的国际交流和大学之间的交流，日本政府应该多导入支持的架构才对。

强化青少年的交流

1983 年 11 月，胡耀邦访日。谈到对青少年交流的梦想，而且发表招待约三千名日本青少年到中国的计划。这变成了直到今天被持续谈论的“三千名日本青年访华”的历史事件。实际上，1984 年 9 月三千名日本青年访华，和一万五千名中国青年交流，总计是一万八千名的大交流。

有关这个小插曲，听过了不少次。在所有访问的地方，日中的青年相互拥抱，挥泪告别。即使到今天，许多人还述说着当时的感动。

当时改革开放政策才刚开始，连在上海住宿设施也绝对性的不足，因此，分散各地的日本青年只好聚集到上海之后才一起回国，听说为了此事，中国方面拼了命也要确保住宿的地方。后来人们才知道，此举造成许多原本预定住宿上海的外国人不便，对这件事情日本青年也感到非常抱歉。

当时，中方的负责人为了迎接准备工作直忙到深夜。最高负责人是中华全国青年联合会主席胡锦涛，在其下实际负责所有工作的是刘延东女士（现中央政治局委员、国务院副总理，在女性中最高位）。如今，她对于当时的体验仍有深刻的感受。

2008 年，受胡锦涛主席邀请的代表团计有三百人访华。代表团以前首相中曾根为最高顾问，团员则由参加 1984 年三千人访华团的人及其家族组成，其中还有他们的孙子。从第一次那时算起，已经过 25 年了。这些年并没有改变胡锦涛主席的心意。他在代表团之中找到老友时，笑容满面，紧紧地互相拥抱，很高兴彼此能够再相会。那不是国家主席严肃的样子，而是发自内心的、青年领导者时代的模样。此情此景，令旁观者为之动容。当说青少年交流的重要性时，我深深感觉在他们身上有这样的亲身体验。

日本政府所聘请过的许多中国年轻指导者，现在正在逐渐成长为中央和地方的领导者。例如，国际合作机构（JICA）的“青少年聘请事业”，从开始到现在已经过 23 年。当在大使公馆举行 20 周年事业纪念的时候，许多人聚集在一起，其中还包括了10名以上部长级人物。中国的要人们像这样地聚集在大使公馆，已经是很久以前的事了。他们口径一致，热情地叙述青年时代的访日经验，在那时与日本人培养起来的友情，以及温暖的情感交流。

2006年10月，安倍首相访华以来，两国领导者一致同意强化青少年的交流。后来，此一交流发展为中国的年轻人每年约四千人访日，一千名的日本年轻人访华的计划。其中还包含了必须寄宿一般人家里的中国高中生访日计划。我们从经验学习到，经过这件事彼此的交流又加深了。

青少年交流的重要支柱之一，在于留学制度。1980年，中国的日本文部省留学生第一期学生访日。这是在改革开放政策实施后不久，海外留学只对日本开放。他们在为此制度所设立的吉林省长春日语教育机构结束一年的日语学习后，再前往日本。这是一个中国的英才团体，所以许多人回国后，在各个领域中获得成功。

不限于公费留学生，而后自费留学生也增加，现在留学日本的中国学生人数超过八万人，占外国留学生的半数。有一段时间，就留学生的问题曾经使社会热闹了一阵子。自费留学生和公费留学生不同，由于他们必须靠自己工作支付所有费用，而且在日本社会中生活也相当不易，一般认为这种人对日本的情感绝对好不了。

我的一个朋友，在20世纪80年代，辞去中国政府的职务来到日本。一年之间拼命打工存学费，好不容易进入日本的大学，但是在那里所教的，不是有关资本主义市场经济的近代经济学，而是在中国已经学习过的马克思经济学，因此，他不得已又去了澳洲。可是，此人在日本寄人篱下生活时，坚实地建立起和日本人的友谊。后来他事业成功，日本的朋友们还组团到中国去拜访他。没想到留学生之中，也有这样的人。

留学生在日中的相互了解上扮演重要的角色。为了强化接纳中国留学生，许多日本大学在中国设置办事处。虽然把此举说成是日本少子化的因应对策，但能够让许多中国年轻人到日本来，毕竟是件好事。即使一个也好，希望有许多中国的年轻人或者世界的年轻人带着对日本和日本人的好感，回到祖国去。

像这样的交流，完全没有勉强的必要。如果能自然地接触，如实地体验，就可以了。更重要的，在于日本社会的对外开放。就算是为了日本的对外开放，也希望有更多的留学生到日本来。不过，虽然“日本标准”也绝没什么不好，但衷心希望大家记住，那不是“国际标准”，若以世界的眼光来看，倒不如说那是个特殊的基准。

强化观光交流

在日本经济持续停滞中，对观光产业的期待很大。尤其振兴地方经济的效果，更受到期待。

虽然我在欧洲的经验有限，但即使如此，我在访问当地的时候，对于包含农村的舒适生活环境之维护整顿深为感动。同时也明了，那是经过以数百年为单位的冗长岁月才慢慢被实现出来的结果。这与专事蓄积财富的日本有所不同。

虽然也可说日本因为战争而失去许多，但战后的和平与繁荣，在财富的累积上则稳健地前进。经济纵然停滞，但也没有后退。这是日本民族在历史上第一次到达的高层次的经济水平和生活水平，但维持现在的水平，本身就是一件严峻的事情。即使日本只继续维持这个水平，仍可持续累积财富，但如果经济增长速度可以恢复，那么累积更加快速。希望日本人能够把对财富的累积转向到构筑居住容易又舒适的社会上。

建立舒适的社会，将会化为日本软实力的源泉。在这一方面，地方所扮演的角色很重要。为了活化地方、构筑更舒适的社会，观光产业也处于战略的地位上了。问题是，如何找出和培养观光资源。我也对故乡的朋友提倡说，最重要的是建立和其他地方不同的城镇。因为与众不同，有魅力又舒适，人们自然到访，毕竟在这世界上，没有人会特地去看和自己相同的东西。同是住在市町村的人，如果能彼此互访，观光将因此而成立。

问题在于是否能够创造出足以吸引人到访的不同魅力。自然环境的不同，能产生出相异之处吧，然而想创造出有别于一个自然环境与众不同的邻镇，事实上是很困难的。我对这个问题的回答是，请回溯历史吧。以时间为轴，就能找出不同。如果邻镇以明治为卖点，则不论江户或者室町，只要回溯到不同的时代便可。寻找能够凸显自家城镇之特色所在的时代，再以此为纵轴进行城镇建设，国内观光将会因此而兴旺起来。我见过英国偏僻的乡村为出身于该地的名人设立了博物馆，并由镇民以义工身份担任接待人员和导览员。我觉得我应该去见习见习那个地方才对。

日本要想成熟到这种程度，还需一段时间。不过与外国比较起来，日本本身已经有明显的“相异”存在，所以是有观光“资源”的。

日本人去海外旅行的人数一年超过1600万。虽然心中想着中国人的海外旅行人数何时才能超越日本，事实上，早在很久之前就已经超过了。根据预测，2010年中国的海外旅行人数将达到5200万人。话虽如此，2009年访问日本的中国观光客只不过100万人而已。因此，中国观光客成为日本吸引外国观光客政策上的重要对象。如果想把现在还不满1000万人的访日观光客数加倍，那就不得不依赖中国观光客了。由于尚存在许多潜在的中国观光客，所以有人认为今后人数还会继续增加。

中国人到日本来，了解有关日本和日本人，这是很重要的。大多数访日的中国人，对日本社会素质之高抱着强烈印象而返国。这是了解日本的第一步，也是相互了解过程的开头。以往虽然使用公函邀请许多中国人访日，但自费访日的中国人也逐渐增加，这是非常值得庆幸的事情。日本政府和地方自治体积极增加中国观光客访日的人数，这个做法在日中关系上具有重大的意义。

过去，虽然有过对中国观光客大表欢迎的结论，可是日中关系的每一部分都颇为复杂，没办法简简单单说好就可以的。中国社会中产阶级逐渐增加，而刚刚开始形成市民社会。由于中国现在还有许多事情与日本不同，所以非常令人担心会不会引起各式各样的摩擦?

举着小旗子，蜂拥进入罗浮宫美术馆，而且搜购高级名牌。这些话并非刻意谈论中国人，实际上说的是三四十年前的日本观光客。那时，当地的人对日本观光客的批评绝对不好，而对于中国观光客的诸多批评，也适用于很早以前的日本人身上。现在，中国人正步上我们的后尘。希望将此事置诸脑后来接待中国的观光客吧。

即便如此，中国电影《非诚勿扰》的影响很大，为中国的赴日观光风潮点起一把火。北海道一跃成为热门景点，尤其是电影拍摄地点的北海道东边，更是人气高涨，一举成为和东京、富士山、京都并列的观光名胜。即使观察韩国及中国台湾和中国香港的前例，也可知道相当多的人成了日本的常客。如果中国观光客的数目稳健地增加下去，更多的中国人将会到日本各地访问，像这样的日子应该已经不远了吧。为了这一天，希望日本各地透过自己的语言，将明显“不同”且质量优良的生活空间和舒适性传达给中国，因为这与中国人的了解日本有所关联。

媒体的角色

在日本和中国，媒体的使命各自不同。在日本，媒体最重要的角色是权力的监督，也是权力的限制。在中国的角色，乃是为了舆论宣传服务的。

不过，无论哪一个都直接提供信息给国民，同时对国民舆论的形成具有重大的影响力。而且中国媒体的自由活动空间确实变大了，同时也反映出经济活动的急速增大与国民生活空间的扩大。另一方面，在日本，有关中国的信息几乎都依赖媒体，因此在舆论的形成上，两国的媒体都肩负重责大任。

在中国，媒体受党和政府的管理，而党和政府的当下对日政策则是构筑日中战略互惠关系。然而，一旦各个案件变形为新闻后，当时的社会“空气”就会影响其论调。此外，或许基于传播速度的要求而被单纯化且正确性不足的报道也将增加起来。中国媒体对日本社会不够了解，也是个重大的原因吧。所以虽然日本政府一边聘请中国的媒体相关人士，一边提供准确信息，但仍嫌不足。尽管是媒体的相关人士，一旦访问日本，对日观也会显现出变化吧。因此，这一方面的努力也不可欠缺。

另一方面，日本社会的特征是立刻形成“舆论”。舆论一旦形成，则与此不同的东西，就难以再加进来。其实，更为复杂的、有各种的意见和看法也无妨，可是却立刻形成一个统一的意见；更令人惊叹的是，纵使电视的频道不同，但是在同一时间段里，竟然每个都播放同一个话题。在某种意义上，调转至任何一频道都只能看到相同东西的社会是异常的。

日本社会的这种特征，也适用于中国的相关报道上。有关中国，如果一个形象形成，则与此形象相异的东西就无法进入国民的眼睛和耳朵里，如此一来，又更加强化了这个形象。实际上，中国是多样化的，中国社会是复杂的，因此，由于一个形象不可能收摄许多的部分，所以媒体报道无法概括全部。

即使在这样的限制之下，有关媒体如何能贴近对方的全貌、接近“等身大”的对方而进行报道，是必须绞尽脑汁努力去做的。

狗咬人不是新闻，人咬狗才是新闻，虽然这样的比喻不知听过多少回，但这正好凸显新闻的本质。因是之故，如何迫近全貌固然是个困难的课题，但并非表示毫不可能。当新闻偏于某个方向之时，尽可能将与此不同方向的事情也同时报道出来。今后，媒体变得越来越重要的任务是把不同观点的新闻和想法传达给国民，然后由国民做出判断吧。我想，日本和中国双方的确都已经进入这样的时代了。

知性研究的深化

日中之间的相互了解，以透过认识对方而解开误会，并加深了解为前提。借着交流扩大、接触增加，才能够了解对方，这是相互了解的第一步。如此一来，了解不充分的事情得以立刻明白，毕竟日中两个社会对事情的看法、生活习惯、传统都不尽相同。

如果地理位置和条件、自然环境、民族结构、异文化交流的深度不同，理所当然，对事情的看法也就相异。这些也显著地表现在生死观与宗教观之上。我从前曾经听梅原猛先生说："日本人一直抱着绳文时代的生死观。"也就是说，即使弥生文化侵袭，佛教①和儒教到来，基督教传入，日本人并没有改变基本的宗教观。这些东西教导了我有关土著文化的韧性，所以没有必要为外来文化的影响而感到一喜一忧。

总而言之，日中双方都拥有许多固有的东西，如果不了解这一点，是达不到具有真正意义的相互了解。不过，这个作业非常困难。

靖国神社参拜问题，对我而言，是极为深刻的问题。当然那是以往就存在的问题，而且像我本身也是由学习而得知的。毕竟谈此问题的书籍极为稀少。不过，当这个问题越纷扰时，就会有越多的书籍出版，托此之福，

---

① 虽然是众所皆知的事，不过还是说一下，始于印度的佛教，在中国大幅地改变风貌，甚至中国化。日本接受这个中国佛教后，更进一步将它日本化。

日本社会对靖国神社问题的了解有了大幅度的进展。

我也是蒙受此恩惠的人之一。浏览有关靖国神社的主要书籍后，明白了这个问题的复杂程度，而且它可以从各种的切入点做各式各样的陈述。倘若不了解日本人的生死观、宗教观、靖国神社的历史、教育、时代背景等形形色色的部分，就无法接近这个问题的真相。

我认为靖国神社问题就处在日中关系的正中央，并且妨碍其发展，这是不正常的状况。总之，一个案件轻易地就影响两国的全体关系，这不是外交应有的样子。中方对靖国神社问题的看法，往往因重视政治的面向而常常漏看了其他的面向。若能透过整体观察，对中国而言，不也可以稍微把这个问题放在一旁吗?

我到中国就职的时候，曾经向中国朋友们谈起这件事。他们的忠告是“现在还不是时候”，还异口同声地劝我说，更何况“身为大使绝对不能在公开地点发表这种事情”。这个问题，太过敏感，还不到能够冷静讨论的时候。不过我倒是赞成知性团体应该着手于真正的研究。

因此，日中的知性团体真正地深入探讨对方且进行综合研究，就快要到达与国民广泛分享研究成果的时期了。总而言之，由于我们没有充分了解对方，导致误解丛生，结果还制造出许多问题。

日中历史的联合研究正是这个知性作业非常重要的第一步。在不同国情的背景下，可以想象这会是多么困难的一项作业，然而这项作业，乃是为接近我们真正的相互了解所不能欠缺的过程。假使宗教学者和文化人类学者等这些不同领域的专家也能加入，则作业将会更具分量吧。

深化这个知性层次的相互了解，我认为是个刻不容缓的紧急课题。为此而设定的“平台”，不但是紧要之务，而且还应该创造出许多的“平台”。为了此事，资金也是必要的吧。全日本和全中国的共同行动，更是必要的方法。

终　章

能发现光明的未来吗？

不要错过稀有的机会

在前面的章节里，我强调了中国突破历史问题，日中为经济平衡而较量，同时往后以日本之质超越中国之量的时期乃是一个珍贵的时机，它带给日中关系新的安定和进一步发展的机会。可是日中关系非常脆弱，如果错过这个机会，不知这种机会——能够重新建构对彼此的真正国家利益有所贡献的两国关系，何时才能再来。因此，我主张必须下定决心，牢牢把握住这个机会。

为了把握住这个机会，必须再次仔细思考有关对方的情况，以及两者之间的关系。换言之，拭目以观对方，在重新设定之后，试着考虑相互的关系。这件事也必须站在世界的观点来考虑。

接着，了解彼此都应该尊敬对方，而且必须持续努力成为被尊敬的对方。夸示力量，以力量强制对方，能产生出尊敬吗？虽说拥有财力，住在气派的房屋内，但是会被对方尊敬吗？不肯倾听对方的意见，只主张自己的意见，可以获得对方的尊敬吗？借着了解、信赖对方，并表示敬意，这才能够获得尊敬。

在此有着日中之间最困难的问题，亦即“相互位相之确定”——如何将对方在自己的脑中和心中定位的解答。了解彼此都该尊敬对方，同时努力成为被尊敬的对方，这就是解答。如果不能这样，日中关系就不会有未来。

一起发扬王道文化

在日本与中国之间建立起相互了解、相互信赖、相互尊敬的关系，此乃“王道”的世界。是否能如此，将决定日中关系的未来，同时也显示出世界大国之中国的前途。

不免会生出疑问，真的能够这样吗？如果放眼历来人类所犯下的无数愚行，面对从无限抗争的世界中解放出来的困难时，人们将走投无路吧。

再一次回到吉川幸次郎的孔子像吧。孔子是“温和地宣讲，知道人的希望，同时也知道人的限制，即便如此，仍应朝着希望前进的教师”。人类从数千年前起，就在理想与现实的夹缝中艰苦奋斗。孔子在缺乏价值观和伦理观的、残酷的现实社会中，不断宣说着理想。不具理想的人类必然灭亡。在理想的导引下，一点一滴实现了人类的进步，因此我们也没有理由舍去任何的理想。

如果抓住这个机会，成功地建立起相互了解、相互信赖、相互尊敬的关系，将会出现一个新的状态——超越了由近代欧洲文明所创造出来的权力政治的世界——那就是建构一个为世界的和平与繁荣而效劳的日中关系，同时也完成了王道外交的世界。

在中国也有权力政治这种根深蒂固的传统。例如，在中国的电视连续剧《东周列国》里所见到即是。从周朝迁都洛阳的公元前 770 年起，到秦朝统一中国的公元前 221 年为止，称为“春秋战国时代”。这个时代正如同“合纵连横”这个词组所见到的，是个战争的时代，也是个外交的时代。因此，中国人很容易了解权力政治，也很容易受到这种想法的影响。

然而，在与此相同的时代里诞生了孔子这位思想家，而中国王道政治的传统也随之诞生。即使王道政治很少被真正实施过，但却是个经常存在于为政者心中的理想。此外，它特别能够抓住中国知识分子的心。

在近代史上，中国尝尽权力政治极大的苦头，也惨痛地经历了国力薄弱的哀伤。因此不难了解中国想强盛起来，同时抱着绝对不输给权力政治的心情。然而不论名实，中国都已成为大国，不仅在中华这个世界里，甚至在地球这个广大的世界里都获得了领导地位，然而今天中国的角色和责任已不在此了，因为权力政治是中国传统文化所说的“霸道”，而不是“王道”。

让我们试着回顾 1924 年 11 月孙文在神户所做的最后演说，亦即所谓的大亚细亚主义演说吧。孙文说，日本“想成为西洋之霸道的守门犬或成为东洋之王道的大本营？这关乎你们诸位日本国民的仔细考虑与慎重选择”，而且他强烈地警示日本将侵略中国。我希望现代的中国人也认真思考这些话的分量和意义。

在中国经济跃居世界第二位，且持续紧追第一位的状况下，就世界而言，中国的存在感真的变得很巨大，终于中国取回了世界大国的地位。在世界的舞台上，为首次世界贡献的历史性机会来临了。中国对世界的贡献，并非进入历来的权力政治世界之中并取得胜利，而是应该成为一股原动力，促使受到此种限制的世界转向一个对人类而言更优良的世界。

果真如此，则中国必须谈谈世界的事情。中国希望的是怎样的世界？中国想创造出什么样的世界？为此，自身又想扮演什么样的角色？我想，中国已到开始慢慢谈谈这些事情的时候了。

由于所有的事情都在过于急遽的变化之中，所以中国拼命学习、成长，而且为了响应时代的要求所做的努力，确实值得世人尊敬。中国在比日本更短的时间内体验着超过日本的变化，然而现在的世界很想知道中国的世界观，所以如果中国能谈论、实行这件事情，则“中国威胁论”自然而然也会逐渐消失吧。我由衷期盼中国所谈的理想世界能够接近于孔子及其弟子所说的世界。

胡锦涛时期，中国在国内以实现“和谐社会”为目标，对外则开始主张“和谐外交”。这些承袭了王道政治的传统，也能成为王道的外交，不过，是否能够推动此事，也是人类史将如何记载中华民族的一个转折点。

日本也并非当个旁观者就可以了。一百年前，日本也曾日薄西山地浸泡在东洋文明里，正如同希腊和罗马的文明已不再是希腊人和罗马人所独享一样，中华文明也不是中国人的专利品。作为同一古典文明的共享者，日本自然也能够和应该参加中国一同发展东亚的传统文明。

人类虽然聪明，但不贤明，经常犯着错误。在某个意义上，人类的进步只是科学技术的进步，而不是政治和思想的进步。原因是，在政治和思想的领域中，即使现在基本上仍是希腊、罗马时代的，也是春秋战国时代的思想。另一方面，西洋的启蒙思想也是以希腊和罗马的古典为资粮。

因此，东洋文明也应该回归东洋的古典。换言之，从现代的观点来解读古典，使它变成活在现代的思想体系。在 12 世纪时，朱熹将儒学加上新的解释，而确立了朱子学（程朱理学），虽然现在它已成为古典，但当时却是个新鲜的学说。因此，我们应该再做一次相同的努力。

所谓王道外交，其出发点也是站在长远的视野上追求人类共同的利益。长远看来，也就是追求“与人为善”的世界。然而只要一想到短期内己身的利益将受损，就很难下决心。

事实上，日本正站在王道外交的前头。日本的对外援助并不要求任何附带条件，只聚焦于对方国的发展，为对方国的利益而做。虽然予以援助，但也有些援助案件却因日本企业不能承包而造成损失的状况。不过我在缅甸的时候，许多受援助国的大使经常对我说：“对受援助国不附带任何政治条件的日本经济援助，才是真正的援助，我们由衷地感谢日本，尊敬日本。”换句话说，善意的日本形象正广泛地在世界上传播着。何以作为被喜欢的国家，日本总是名列前茅，正是这些事情所累积的结果。这也是卓越的王道外交。

勤奋努力于日本的国家建设

中国已确保世界大国的地位了。当然，中国本身还存在着许多的问题，而且有些问题相当严重。中国是世界最大的发展中国家，虽然这样的主张有其道理，但这个“发展中国家”却是不论在经济或文化上长期拥有世界第一的经验，有别于其他开发中国家的“发展中国家”。

今后中国也仍将朝着真正的世界大国迈进吧。虽然也有失败的可能性，但也有可能成功。比起中国落入悲惨结局的情况，我认为成为世界大国的可能性比较高。当中国变成真正的世界大国时，推行的是霸道，还是王道呢？此事与世界的未来有极大关系，因此，由衷期盼它会选择王道。

日本人对于自己的未来应该更有自信。日本人将两次的黑船来访卓越地化为机会，再加上拼命地努力，结果在 1968 年成为世界第二位的经济大国。在世界上实现被称为“奇迹”的大和民族，只一百年就有可能劣化吗？答案是否定的，也全然没有这回事。

不是应该再次正襟危坐，思考现在该完成些什么吗？从许多选择中，一定可以看出，身为国家、身为民族现在应该做些什么吧。当迎向 21 世纪结束之时，希望那时候的日本人会感谢我们为他们做了优秀的决断与实践。

日本再度成为拥有活力的国家社会，乃是支持日中战略互惠关系的重要因素，有关此事也已叙述过了。中国必须努力成为受到日本尊敬的国家，同样地，日本也必须成为被中国尊敬的国家。在这个意义上，日中关系正是日本本身的问题。

后　记

当我意识到的时候，已经在外务省待了40年以上。其中一半，都从事与中国有关的工作。虽然我本来就对中国有兴趣，但初入省时，中国话并不是我的第一志愿。我将俄语和中国话填写为第三志愿。同样这么做的人是小町恭二（前驻泰大使）。结果，俄语分配给他，中国话分配给我。除了我们这两人以外，写下中国话的人一个也没有（也许俄语也一样吧）。那时候也是个不知道何时能与中国的关系正常化的时期。

和中国之间，老是有问题存在。而且这个问题轻易就能刺激两国的国民情感，同时也强烈受到国内政治的影响。除了政府方针以外的对外发言，担任公职者的发言都应该节制，尤其因为中国问题总是和国内政治有着密切关联，所以迄今为止公职者本身都自觉地控制与中国有关的对外发言。

在这期间，由于中国快速发展，所以对日本国家的未来而言，和这个邻国的关系之重要性增加了特别多，同时，越来越清楚的是，它也是个直接影响日本国家利益的课题。然而，日中关系曾一度失去了指南针。尽管在2008年建立了“战略互惠关系”的新架构，问题仍没有有效改善。有关这一点，正是我想让本书问世的最大动机。

到现在为止，我三次隶属外务省中国课工作，也三次供职于北京大使馆，又曾在中国台湾研习中国话。作为长时期观察中国并思考日中关系的人，我想将自己所思及的想法和认识与更多人士分享。同时，由衷盼望拜借各位读者的智慧，共同朝向构筑更加深思熟虑的日本对中政策而努力。至于要把什么样的日中关系留给后世呢？我认为这是我们重大的责任。

本书真的是集众人之力的结果。打从心底感谢教导我“何谓知性思考”的高坂正尧先生。在我亚特兰大总领事期间，他曾下榻公邸数日，岂料竟成为最后的告别。高坂先生在1996年的评论中写道：“中国如何掌握自己，如何定位自己，正是21世纪的大问题。”我认为对于这一点进行有意识的考察是我的工作，而且我也很努力地做着。

非常感谢在外务省时期栽培我的诸多前辈和同僚们。对我这个傲慢又难以相处的人，却仍然给予温暖的教导与合作，为此致上深深的谢意。尤其处在北京和中国课期间的巨大压力之中，和我共同面对许多深刻问题的同僚和友人，也想表达由衷的感谢。能够拥有这样的一伙人，我觉得非常幸福。

日本经济新闻出版社的伊藤公一先生也很照顾我。没有他的支持，本书也不会有今天的样子吧。感激不尽。

如果使用英语的表达，那就是“最后但非最少”（last but not least），对今年刚满百岁在故乡的母亲，以及内人和两个孩子，奉上我来自心底的感谢之意。我深深感到，自己的生涯全是依靠家庭的支持而来的。

2010年12月

卷末资料

〔资料一〕中华人民共和国政府和日本国政府联合声明

日本国内阁总理大臣田中角荣应中华人民共和国国务院总理周恩来的邀请，于1972年9月25日至9月30日访问了中华人民共和国。陪同田中角荣总理大臣的有大平正芳外务大臣、二阶堂进内阁官房长官以及其他政府官员。

毛泽东主席于9月27日会见了田中角荣总理大臣。双方进行了认真、友好的谈话。周恩来总理、姬鹏飞外长和田中角荣总理大臣、大平正芳外务大臣，始终在友好气氛中，以中日两国邦交正常化问题为中心，就两国间的各项问题，以及双方关心的其他问题，认真、坦率地交换了意见，同意发表两国政府的下述联合声明：

中日两国是一衣带水的邻邦，有着悠久的传统友好的历史。两国人民切望结束迄今存在于两国间的不正常状态。战争状态的结束，中日邦交的正常化，两国人民这种愿望的实现，将揭开两国关系史上新的一页。

日本方面痛感日本国过去由于战争给中国人民造成的重大损害的责任，表示深刻的反省。日本方面重申站在充分理解中华人民共和国政府提出的“复交三原则”的立场上，谋求实现日中邦交正常化这一见解。中国方面对此表示欢迎。

中日两国尽管社会制度不同，应该而且可以建立和平友好关系。两国邦交正常化，发展两国的睦邻友好关系，是符合两国人民利益的，也是对缓和亚洲紧张局势和维护世界和平的贡献。

（一）自本声明公布之日起，中华人民共和国和日本国之间迄今为止的不正常状态宣告结束。

（二）日本国政府承认中华人民共和国政府是中国的唯一合法政府。

（三）中华人民共和国政府重申：台湾是中华人民共和国领土不可分割的一部分。日本国政府充分理解和尊重中国政府的这一立场，并坚持遵循《波茨坦公告》第八条的立场。

（四）中华人民共和国政府和日本国政府决定自 1972 年 9 月 29 日起建立外交关系。两国政府决定，按照国际法和国际惯例，在各自的首都为对方大使馆的建立和履行职务采取一切必要的措施，并尽快互换大使。

（五）中华人民共和国政府宣布：为了中日两国人民的友好，放弃对日本国的战争赔偿要求。

（六）中华人民共和国政府和日本国政府同意在互相尊重主权和领土完整、互不侵犯、互不干涉内政、平等互利、和平共处各项原则的基础上，建立两国间持久的和平友好关系。根据上述原则和联合国宪章的原则，两国政府确认，在相互关系中，用和平手段解决一切争端，而不诉诸武力和武力威胁。

（七）中日邦交正常化，不是针对第三国的。两国任何一方都不应在亚洲和太平洋地区谋求霸权，每一方都反对任何其他国家或集团建立这种霸权的努力。

（八）中华人民共和国政府和日本国政府为了巩固和发展两国间的和平友好关系，同意进行以缔结和平友好条约为目的的谈判。

（九）中华人民共和国政府和日本国政府为进一步发展两国间的关系和扩大人员往来，根据需要并考虑到已有的民间协议，同意进行以缔结贸易、航海、航空、渔业等协议为目的的谈判。

中华人民共和国国务院总理　　日本国内阁总理大臣

周恩来（签字）　　田中角荣（签字）

中华人民共和国外交部长　　日本国外务大臣

姬鹏飞（签字）　　大平正芳（签字）

1972年9月29日于北京

〔资料二〕中华人民共和国和日本国和平友好条约

中华人民共和国和日本国满意地回顾了自1972年9月29日中华人民共和国政府和日本国政府在北京发表联合声明以来，两国政府和两国人民之间的友好关系在新的基础上获得很大的发展；确认上述联合声明是两国间和平友好关系的基础，联合声明所表明的各项原则应予严格遵守；确认联合国宪章的原则应予充分尊重；希望对亚洲和世界的和平与安定做出贡献；为了巩固和发展两国间的和平友好关系；决定缔结和平友好条约，为此各自委派全权代表如下：

中华人民共和国委派外交部长黄华；

日本国委派外务大臣园田直。

双方全权代表互相校阅全权证书，认为妥善后，达成协议如下：

第一条

一、缔约双方应在互相尊重主权和领土完整、互不侵犯、互不干涉内政、平等互利、和平共处各项原则的基础上，发展两国间持久的和平友好关系。

二、根据上述各项原则和联合国宪章的原则，缔约双方确认，在相互关系中，用和平手段解决一切争端，而不诉诸武力和武力威胁。

第二条　缔约双方表明：任何一方都不应在亚洲和太平洋地区或其他任何地区谋求霸权，并反对任何其他国家或国家集团建立这种霸权的努力。

第三条　缔约双方将本着睦邻友好的精神，按照平等互利和互不干涉内政的原则，为进一步发展两国之间的经济关系和文化关系，促进两国人民的往来而努力。

第四条　本条约不影响缔约各方同第三国关系的立场。

第五条

一、本条约须经批准，自在东京交换批准书之日起生效。本条约有效期为十年。十年以后，在根据本条第二款的规定宣布终止以前，将继续有效。

二、缔约任何一方在最初十年期满时或在其后的任何时候，可以在一年以前，以书面预先通知缔约另一方，终止本条约。双方全权代表在本条约上签字盖章，以昭信守。本条约于 1978 年 8 月 12 日在北京签订，共两份，每份都用中文和日文写成，两种文本具有同等效力。

中华人民共和国全权代表	日本国全权代表
黄华（签字）	园田直（签字）

〔资料三〕中日关于建立致力于和平与发展的友好合作伙伴关系的联合宣言

应日本国政府邀请，中华人民共和国主席江泽民于1998年11月25日至30日对日本进行国事访问。这是中国国家主席首次访问日本，具有重要历史意义。江泽民主席会见了日本天皇明仁，并同小渊惠三内阁总理大臣就国际形势、地区问题和中日关系深入交换了意见，达成广泛共识。访问取得了圆满成功，双方发表联合宣言如下：

一

双方认为，冷战结束后，世界朝着建立国际新秩序正经历着重大变化。经济进一步全球化，相互依存关系加深。安全对话与合作不断取得进展。和平与发展仍是人类社会面临的首要课题。建立公正与合理的国际政治经济新秩序，谋求21世纪有一个更加巩固的国际和平环境，已成为国际社会的共同愿望。

双方确认，互相尊重主权和领土完整、互不侵犯、互不干涉内政、平等互利、和平共处以及《联合国宪章》的准则是处理国与国之间关系的基本准则。

双方积极评价联合国在维护世界和平及促进世界经济和社会发展方面所做的努力，认为它应为建立和维护国际新秩序发挥重要作用。双方赞成对联合国包括安理会进行改革，以使联合国工作及其决策过程更好地体现全体成员国的共同愿望和集体意志。

双方主张，彻底销毁核武器，反对任何形式的核武器扩散。呼吁有关国家停止一切核试验和核军备竞赛，以利于亚洲地区和世界的和平与稳定。

双方认为，中日两国作为亚洲和世界有影响的国家，在维护和平、促进发展方面负有重要责任。双方将在国际政治、经济及全球性问题等领域加强协调与合作，为世界和平与发展及人类的进步事业做出积极贡献。

二

双方认为，冷战后，亚洲地区形势继续走向稳定，域内合作不断深入。确信亚洲地区在世界政治、经济和安全事务中的影响进一步增强，在未来世纪将起重要作用。

双方重申，维护地区和平、促进地区发展是两国坚定不移的基本方针，双方不在本地区谋求霸权，不行使武力或以武力相威胁，主张以和平手段解决一切纠纷。

双方对目前东亚金融危机及其给亚洲造成的困难表示极大关注。同时认识到本地区经济基础稳固，确信通过总结经验，进行合理调整与改革，加强域内及国际协调与合作，亚洲经济一定能够克服困难，继续向前发展。双方一致认为，应以积极姿态，迎接面临的各种挑战，为促进本地区经济的发展做出各自应有的努力。

双方认为，亚太地区主要国家之间的稳定关系对本地区的和平与稳定十分重要，双方将积极参与东盟地区论坛等地区内各种多边活动并开展协调与合作，支持一切有利于增进了解，加强信任的措施。

三

双方满意地回顾了中日邦交正常化以来两国关系在政治、经济、文化、人员往来等各个领域取得的长足发展。一致认为，在当前形势下，两国合作的重要性进一步增加，不断巩固和发展中日友好合作符合两国人民的根本利益，也将对亚太地区和世界的和平与发展做出积极贡献。双方确认中日关系对两国均为最重要的双边关系之一，并深刻认识到两国在和平与发展方面的作用与责任，宣布面向 21 世纪，建立致力于和平与发展的友好合作伙伴关系。

双方重申恪守 1972 年 9 月 29 日发表的《中华人民共和国政府和日本国政府联合声明》和 1978 年 8 月 12 日签署的《中华人民共和国和日本国和平友好条约》所阐述的各项原则，确认上述文件今后仍将是两国关系最为重要的基础。

双方一致认为，中日两国有着两千多年的友好交往历史和共同的文化背景，弘扬友好传统，进一步发展互利合作是两国人民的共同愿望。

双方认为，正视过去以及正确认识历史，是发展中日关系的重要基础。日方表示，遵守 1972 年的中日联合声明和 1995 年 8 月 15 日内阁总理大臣的谈话，痛感由于过去对中国的侵略给中国人民带来巨大灾难和损害的责任，对此表示深刻反省。中方希望日本汲取历史教训，坚持和平发展道路。在此基础上，两国发展长久友好关系。

双方一致认为，加强两国之间的人员往来，对增进相互理解，加强相互信任十分重要。

双方确认，两国领导人每年交替互访；在北京和东京建立中日政府间热线电话；加强两国各个层次和级别特别是肩负两国未来发展重任的青少年之间的交流。

双方认为，在平等互利基础上，建立长期稳定的经贸合作关系，进一步拓展在高新科技、信息、环保、农业、基础设施等领域的合作。日方表示，稳定、开放、发展的中国对亚太地区及世界的和平与发展具有重要意义，将继续向中国的经济建设提供合作与支持。中方对日方迄今向中国提供的经济合作表示感谢。日方重申继续支持中国为早日加入世界贸易组织所做的努力。

双方积极评价两国安全对话为增进相互了解发挥的有益作用，一致认为应进一步加强这一对话机制。

日方继续遵守日本在中日联合声明中表明的关于台湾问题的立场，重申中国只有一个。日本将继续只同台湾维持民间和地区性往来。

双方一致同意根据中日联合声明及中日和平友好条约的各项原则，本着求同存异的精神，最大限度地扩大共同利益，缩小分歧，通过友好协商，妥善处理两国间现存的和今后可能出现的问题、分歧和争议，避免因此干扰和阻碍两国友好关系的发展。

双方认为，中日建立致力于和平与发展的友好合作伙伴关系，将使两国关系进入新的发展阶段。这不仅需要两国政府，而且需要两国人民的广泛参与和不懈努力。双方坚信，两国人民携起手来，共同贯彻和发扬本宣言的精神，不仅有助于两国人民实现世代友好，而且将对亚太地区和世界和平与发展做出重要贡献。

〔资料四〕中日关于全面推进战略互惠关系的联合声明

应日本国政府邀请，中华人民共和国主席胡锦涛于2008年5月6日至10日对日本国进行国事访问。访问期间，胡锦涛主席会见了明仁天皇，并同福田康夫内阁总理大臣举行会谈，就全面推进战略互惠关系达成广泛共识。双方发表联合声明如下：

一、双方一致认为，中日关系对两国都是最重要的双边关系之一。两国对亚太地区和世界的和平、稳定与发展有着重要影响，肩负着庄严责任。长期和平友好合作是双方唯一选择。双方决心全面推进中日战略互惠关系，实现中日两国和平共处、世代友好、互利合作、共同发展的崇高目标。

二、双方重申，1972年9月29日发表的《中日联合声明》、1978年8月12日签署的《中日和平友好条约》及1998年11月26日发表的《中日联合宣言》构成中日关系稳定发展和开创未来的政治基础，确认继续恪守三个文件的各项原则。双方确认，继续坚持和全面落实2006年10月8日及2007年4月11日发表的《中日联合新闻公报》的各项共识。

三、双方决心正视历史、面向未来，不断开创中日战略互惠关系新局面。双方将不断增进相互理解和相互信任，扩大互利合作，使中日关系的发展方向与世界发展潮流相一致，共同开创亚太地区和世界的美好未来。

四、双方确认，两国互为合作伙伴，互不构成威胁。双方重申，相互支持对方的和平发展。双方确信，坚持和平发展的中国和日本将给亚洲和世界带来巨大机遇和利益。

中国自改革开放以来取得的发展给包括日本在内的国际社会带来了巨大机遇，日方对此表示积极评价。中国愿为构建持久和平、共同繁荣的世界做出贡献，日方对此表示支持。

日本在战后60多年来，坚持走作为和平国家的道路，通过和平手段为世界和平与稳定做出贡献，中方对此表示积极评价。双方同意就联合国改革问题加强对话与沟通，努力增加共识。中方表示重视日本在联合国的地位和作用，愿意看到日本在国际事务中发挥更大的建设性作用。

双方坚持通过协商和谈判解决两国间的问题。

五、日方重申，继续坚持在《日中联合声明》中就台湾问题表明的立场。

六、双方决定在以下五大领域构筑对话与合作框架，开展合作。

（一）增进政治互信

双方确认，增进政治安全互信对构筑中日战略互惠关系具有重要意义。双方决定：

——建立两国领导人定期互访机制，原则上隔年互访，在多边场合频繁举行会晤。加强政府、议会、政党间的交流和战略对话机制，就双边关系和各自内外政策及国际形势加强沟通，努力提高政策透明度。

——加强安全保障领域的高层互访，促进多层次对话与交流，进一步加深相互理解和信任。

——为进一步理解和追求国际社会公认的基本和普遍价值进行紧密合作，不断加深对在长期交流中共同培育、共同拥有的文化的理解。

（二）促进人文交流，增进国民友好感情

双方确认，不断增进两国人民特别是青少年之间的相互了解和友好感情，有利于巩固中日世代友好与合作的基础。为此，双方决定：

——广泛开展两国媒体、友好城市、体育、民间团体之间的交流，开展丰富多彩的文化交流及知识界交流。

——持之以恒地开展青少年交流。

（三）加强互利合作

双方确认，中日两国作为对世界经济有重要影响的国家，将为世界经济的可持续增长做出贡献，决定重点开展以下合作：

——在能源和环境领域开展合作是我们对子孙后代和国际社会的义务，基于这一认识，要特别加强在这一领域的合作。

——在贸易、投资、信息通讯技术、金融、食品及产品安全、知识产权保护、商务环境、农林水产业、交通运输及旅游、水、医疗等广泛领域开展互利合作，扩大共同利益。

——从战略高度有效运用中日经济高层对话。

——共同努力，使东海成为和平、合作、友好之海。

（四）共同致力于亚太地区的发展

双方确认，中日两国作为亚太地区重要国家，将就本地区事务保持密切沟通，加强协调与合作。双方决定重点开展以下合作：

——共同致力于维护东北亚地区和平与稳定。共同推动六方会谈进程。双方一致认为，日朝关系正常化对东北亚地区的和平与稳定具有重要意义。中方对日朝解决有关问题，实现关系正常化表示欢迎和支持。

——本着开放、透明和包容的原则，促进东亚区域合作，共同推动建设和平、繁荣、稳定和开放的亚洲。

（五）共同应对全球性课题

双方确认，中日两国在21世纪对世界的和平与发展肩负更大责任，愿就重大国际问题加强协调，共同推动建设持久和平、共同繁荣的世界。双方决定开展以下合作：

——双方将在《联合国气候变化框架公约》框架下，根据“共同但有区别的责任及各自能力”的原则，按照巴厘路线图积极参与构建2012年之后有实效的应对气候变化国际框架。

——双方确认能源安全、环境保护、贫困、传染病等全球性问题是双方面临的共同挑战，双方将从战略高度开展有效合作，共同为推动解决上述问题做出应有贡献。

中华人民共和国主席	日本国内阁总理大臣
胡锦涛（签字）	福田康夫（签字）

2008年5月7日于东京

〔资料五〕村山富市内阁总理大臣谈话

上次大战结束以后已过了50年的岁月。现在再次缅怀在那场战争中遇难的国内外许多人时，感慨万端。

战败后，日本从被战火烧光的情况开始，克服了许多困难，建立了今天的和平和繁荣。这是我们的自豪。每一个国民在这过程中倾注了才智，做出了不懈的努力。对此我谨表示由衷的敬意。对于美国以及世界各国直至今日所给予的支持和合作，再次深表谢意。另外，我国同亚太近邻各国、美国以及欧洲各国之间建立起来了像今天这样的友好关系，对此我感到由衷的高兴。

今天，日本成为和平、富裕的国家，因此我们动辄忘掉这和平之尊贵与其来之不易。我们应该把战争的悲惨传给年轻一代，以免重演过去的错误。并且要同近邻各国人民携起手来，进一步巩固亚太地区乃至世界的和平，为此目的特别重要的是，同这些国家之间建立基于深刻理解与相互信赖的关系。这是不可缺少的。日本政府本着这种想法，为支持有关近现代史上日本同近邻亚洲各国关系的历史研究，并为飞跃扩大同该地区各国的交流，正在展开以这两方面为支柱的和平友好交流事业。同时，关于我国政府现在致力解决的战后处理问题，为进一步加强我国和这些国家之间的信赖关系，继续要诚恳地处理。

正当战后50周年之际，我们应该铭记在心的是回顾过去，从中学习历史教训，展望未来，不要走错人类社会向和平繁荣的道路。

我国在不久的过去一段时期，国策有错误，走了战争的道路，使国民陷入存亡的危机，殖民统治和侵略给许多国家，特别是亚洲各国人民带来了巨大的损害和痛苦。为了避免未来有错误，我就谦虚地对待毫无疑问的这一历史事实，谨此再次表示深刻的反省和由衷的歉意。同时谨向在这段历史中受到灾难的所有国内外人士表示沉痛的哀悼。

战败后五十周年的今天，我国应该立足于过去的深刻反省，排除自以为是的国家主义，作为负责任的国际社会成员促进国际协调，来推广和平的理念和民主主义。与此同时，非常重要的是，我国作为经历过原子弹轰炸的唯一国家，包括追求彻底销毁核武器以及加强核不扩散体制等在内，要积极推进国际裁军。我相信只有这样才能偿还过去的错误，也能安慰遇难者的灵魂。

古话说："杖莫如信。"在这值得纪念的时刻，我谨向国内外表明下一句作为我的誓言：信义就是我施政的根本。

内阁总理大臣

村山富市

于战后50周年终战纪念日